青木 保著

異文化理解

岩波新書

740

はじめに

新世紀を迎えた今日の世界で、文化はさまざまな形で問題となり、複雑に存在しています。一方でグローバリゼーションのかけ声とともに、どこでも同じの画一的な文化が地球を覆う動きが急です。たとえば、アジアの主な都市では景観や生活様式がきわめて類似の形になりつつあり、人々の服装や食べる物も同じ傾向を強めています。

他方、日常生活で話される言葉や人々の行動、そして事物のとらえ方や価値の置き方には、それぞれの国や社会や地域の違いが強く反映されていて、外観は同じように見えて中身は大きく異にすることが多いのです。日本から一歩外へ出れば、近隣国の首都であるソウルでも北京でも「同じで異なる」ことがすぐさま実感されるでしょう。またロンドンからベルリンへ行くときにも、同じヨーロッパとはいいながら、本当に「同じで異なる」ことの多いのに驚かされます。かつてドイツの文化哲学者ベンヤミンは、日本語の「パン」を意味するブレッド（英語）、パン（仏語）、ブロート（独語）の間に越え難い意味的な差違があることを指摘しました。同じことは日・韓・中の言語と文化の間にも、たとえば「ごはん」や「麵」といった言葉の指すものの違いに示されるでしょう。ソウルや北京を訪れても、人々の日常的な言動に示されるものの違いに驚くことがよくあります。北京での常宿の大ホテルの三階には「麵」と大きく看板を掲げたレストランがありますが、そこで中国各地の多様な麵に接してうれしい驚きを味わうとともに日本のソバやうどんと同じ料理に出会わないことにも驚きます。「麵」差には東アジアの国々の間で大きなものがあるようです。食べるといっても、着るといっても、文化間の違いを感じます。色彩の用い方も、食べることの好みも、一日でもながくいれば大きく異なることが解ってきます。同じ「東アジア」とよばれても、その間には異文化が歴然として存在することがはっきりとしてきます。

さらに、現代はさまざまな面で「自文化中心」的な主張が烈しく酷《きび》しくなされる時代です。アフガニスタンではイスラーム勢力のタリバーンがバーミヤンの古代仏像を偶像であると批判して破壊しました。それに対してスリランカなどの仏教中心国は抗議しています。また「世界文化遺産」的観点からユネスコ（国連教育科学文化機関）も強く反対し、日本も抗議の声明に加わりました。しかし、タリバーンには彼らの信仰と政治上の立場からの見方があります。これらの主張の間の文化差も著しいように見えます。それにパレスチナ、ボスニア、コソボ、北アイルランド、インドネシアなど、世界の多くの国や地域で文化をめぐる争いが激しく存在し、一向に終熄しそうにありません。「文化の対立・衝突」は現代の悲劇を生んでいるのです。

二〇〇〇年七月の沖縄での先進国サミットは、この会議の史上初めて文化を議題に取り上げ、ますます画一化しようとする傾向に対して「文化の多様性」の擁護をアジェンダに含めました。ユネスコも同様の主張をしています。ここには人類の築いてきた文化の多様性の価値を認め、文化の「違い」がこの地球上での人間存在にとって深い意味を有することの認識がみられるとともに、深い「文化の危機感」が示されています。

たしかに、この「ヒト・モノ・情報」が急速に移動し、大量消費され、飛び交う時代にあっては、民族や地域や社会や国に「固有」ととらえられている文化も大きく変容せざるをえない面があります。私自身がこのような「ヒト・モノ・情報」の「大移動の時代」と初めて指摘したのも、すでに十数年以上前のこととなりました。国境や地域を超えて存在する人々は多く「文化の固有性」を問うことの意味が薄くなり、むしろそうした問いそのものが「排他性」と「自文化中心性」を示すと批判されることもあるわけです。異文化を理解するといっても、何を自文化、何を異文化と認めるか、という疑問が出てくることもあるでしょう。また文化といっても、誰が何の文化について語り主張するのか、という疑問も出てくるでしょう。ある社会や国家の文化と一口にいっても、その文化のあり方には多様なものが存在します。

それに、現代生活においては、異文化は「外へ出て」経験されるだけではないのです。同じ日本人と思って声をかけたら、まったく別の言葉とあいさつが返ってきたといった経験が東京の地下鉄でもごく普通にみられることとなりました。留学生の中に、たとえばヒンズー教の学生やイスラーム教の学生がいれば、学生どうしのパーティでも、飲み食いする品目に、文化的にまず注意深く準備することが必要となります。またお互いに歓談の席で口にしてはならない話題にも注意しなければなりません。

本書ではこうした文化についての見方や認識が複雑に入り組んだ状況の中で、あらためて「異文化理解」について考え、その理解の重要性を論じました。それこそグローバル化の今日、「異文化理解」は逆にこれまで以上に大きな意味をもつようになったと、私は強く感じています。文化的背景を異にする人々が出会い、結びつき、協同する社会がますます拡大し、人々が急激に国境や地域を超えて移動する現在、かつてなく人々は互いに深く理解し合わなくてはならなくなっています。同じ職場で大学で家庭で、異文化に接する生活が日常化しつつあります。いまや日本でもどのような地域であっても文化を異にする人たちがいないことはないような時代であり、社会となったともいえるでしょう。

本書がそうした新世紀の時代を生きる上での何らかの「目安」となれば幸いです。

目　次

I　異文化へ向かう

上：就任式で聖書に手をおいて宣誓に臨むブッシュ・アメリカ大統領(写真提供・ロイター・サン)　下：上海の街頭にかかる日本企業の広告看板(写真提供・毎日新聞社)

1　文化は重い

「文化」が持つさまざまな意味

「はじめに」でも触れましたように二一世紀へ入った現在、「文化」という問題が改めて大きく浮上し、これからの世界を考える上で重要な現象となっています。その背景には、前世紀の九〇年代初めに起きた東西冷戦の解消という、画期的な世界政治の変化がありました。八〇年代まではイデオロギーが非常に大きな役割を果たしていて、ソ連・東欧諸国等の社会主義的、共産主義的イデオロギーと、アメリカに代表されるいわゆる西側の資本主義的、自由主義的なイデオロギーとがぶつかりあっていたのですが、それは、ある意味で二〇世紀が生み出した二つの型の普遍主義の対立であり、人類と世界の普遍性をどこに求めるかという思想的な競争の現れであったということができます。世界政治の上では、大局的に見てのことではありますが、たとえばソ連と一括された地域のようなさまざまな国家や社会と文化、あるいはさまざまな民族や宗教を含む地域であっても、社会主義イデオロギーの大前提のもとに、それぞれの地域や文化の違いは、社会主義という守るべき大前提の中に少なくとも表面的には吸収されてしまっていました。それに対抗して西側の自由主義諸国においても、大きな意味での西欧的な自由主義と民主主義という普遍主義を看板として立てて行く、そしてその看板のもとで「文化の違い」を政治問題とはしないという暗黙の前提をもって、各国各地域が行動をするという現実がありました。つまり、東西いずれの側でも大前提としての普遍主義があって、その中でそれぞれの文化の違いはあまり意味がないということに「建前」としてなっていたのです。

しかし、東西冷戦構造が崩壊し、ソ連という大きな普遍的な共同体が解体しますと、そこに再び文化の違いが「政治問題」として現れてきました。東西冷戦下では一つの共同体であった地域に、ロシアとか中央アジア諸国とかバルト三国とか、さまざまなところで地域に根ざしたそれぞれの本来の「文化」が強く意識され主張されるようになったからです。その文化の違いの中には、宗教とか民族、言語の違い、生活様式の違いが含まれています。また東欧諸国などもそれぞれの文化が違うということを改めて言い出して、チェコスロバキアは、民族や文化、言語の違いからチェコとスロバキアという二つの国に分かれてしまいました。

またユーゴスラヴィアでは社会主義という大きな枠が崩れると民族問題、宗教問題、言語の違いなどが一ぺんに噴き出して、ご承知のように、ボスニアやコソボの紛争はいうにおよばず、これまでの国や社会が大きく分裂してしまいました。つまりそれらの地域や国々では、文化というファクターが政治、経済的なファクターと同じぐらいに大きなものとして立ち現れてきたわけです。

こうしたポスト東西冷戦下の状況は、文化を専門としてきた私の立場から言いますと、政治や経済を円滑に運ぶためにも文化が無視できない、文化をうまく理解して対処しないと政治や経済も動かない、という状態になったことを意味しています。換言すれば、イデオロギーではなく文化という切り口で世界を理解するということが、二〇世紀の最後の一〇年で大きな主題になってきたと言えるでしょう。そして、これはまさに二一世紀の世界と人類がかかえる最も大きな問題の一つであります。もちろん実際には、政治問題もあれば、経済問題もあるのですが、従来はどちらかといえば政治は政治、経済は経済という独立したファクターとして考えていけばすむとされていたものが、政治も文化だし、経済も文化的なファクターを無視してはやっていけないことが明らかになってきたということなのです。

イデオロギーから文化へということが二〇世紀の最後にいたって大きな課題になったとい

うのは、ある意味では文化というものが「政治化」したことでもあると思います。文化というファクターが全世界的な規模でこれほど政治的に意味を持つような時代は、これまでなかったのではないでしょうか。

文化というハードな現象

たとえば日本とアメリカを例に取ると、両国間には日米関係を最重要の国際関係と捉える政治的立場がある一方、経済関係を中心としてさまざまな軋轢が生じてもいます。その背後に文化の違いがあるとこれまでもよく指摘されてきましたが、実際にアメリカに行ってみれば、アメリカ社会における政治や経済のあり方と、日本における政治や経済のあり方は非常に異なることがわかります。日本は戦後資本主義的な自由主義の立場をとる西側に所属し、ソ連・東欧や中国などの社会主義国と対峙してきたわけですが、国家の統制や規制が経済面でも強いことは社会主義的だなどと言われてもきました。規制緩和はいまでも大きな問題となっています。現在では、アメリカや西欧がつくり出したスタンダードに日本も合わせなければいけないという議論が多いのですが、同時に、合わせられる部分と合わせられない部分があるのも当然のことです。

日米の政治を比べれば、そのシステムは非常に異なるわけですから、その違いを越えて簡単に一致させることは、なかなか難しいことです。何といってもアメリカは大統領の就任式において、大統領が聖書に手をおいて宣誓する国ですし、日本は国会の召集に天皇が臨席する国です。聖書(キリスト教)と天皇(神道)という違いを見ても、文化の違いが政治の背後にあることは歴然としています。もちろん、このことから文化の違いを全般的に論ずるわけにはゆきませんが、象徴的に見ればその違いは明らかでしょう。多文化・多民族国家であり、社会であるアメリカでありますが、政治的な象徴としての聖書宣誓は、やはりこの社会の基本を示す文化的な行為であるように思われます。その違いは、多くの場合はまさに文化の違いからきているわけですし、天皇を国家の象徴にいただく日本の政治も大きな意味での日本文化の中の営みとして存在しています。二〇〇〇年秋のアメリカの大統領選挙の一部始終を、日本で新聞・テレビなどの報道で知るかぎりにおいても、一国の最高の政治的リーダーを決めるためのプロセスの違いは歴然としています。最後の最後まできわめてオープンな形での競争、それに反して大統領選挙の投票の現場における混乱とは、アメリカを異文化の国として認識させることであったと思います。また経済制度そのものも、金融システムのビッグバンへの対応とか企業や官僚の組織づくりや施策の立て方や実行などの問題から見ても明らかなように、日本とは非常に違います。アメリカの強い影響の下にあって日本もこれを変えなければいけないとか、変える必要はないとか、いろいろな議論があるわけですが、私から見ればそこには大きな意味で日米の文化というファクターが介在しているということを認めることが重要なのです。日米の文化差については論じはじめると切りがなくなるかと思いますが、もちろん、文化がすべてを決定しているなどということはできません。しかし、人間は食べ物や衣服から言葉や挙手振舞などにいたるまで、必ずある文化の中に生まれてくることは事実で、それは宿命です。人間の存在は常に文化とともにあるのです。このことをここでは強調しておきたいと思います。

これまで文化は、どちらかというと軽いもの、ソフトなものとして考えられてきました。けれども、現実には人間の生き方は文化によって深く規定されています。少なくとも日本国内で一般的に日本人として生まれた以上、生まれたときから日本語と日本文化という世界に浸《ひた》っているわけですし、そこではいろいろな異文化の影響をうけると同時に、日本的な価値観とか、人間関係や社会関係、組織や制度のあり方から衣食住にわたって、簡単に消しさることはできない日本文化を背負って存在しなければなりません。日本人として日本文化の影響が食べ物から何から想像以上に深く自分の体内にしみ込んでいることは、少しでも外国で生活をしてみれば、明らかになります。このグローバルな時代にあってこそ、いまや文化は実は非常に重いものであると、認識し直さなければならないように思えるのです。

このような文化と人間の関係がありながら、これまであまり文化の重さを正面から捉えようとすることがなされてこなかった気がします。しかし、いまや文化は、この一〇年ぐらいの世界情勢の中で明らかになってきたように、決定的に重く重要なものとなりました。

と言いますのは、先に触れたようにただ東西冷戦が終わって「民族問題」が突出してきたというだけではなく、たとえば、「宗教」問題が全然片づいていないことが、やはりこの一〇年ぐらいで明らかになってきたからでもあります。二〇世紀は科学技術の時代であって、非常に合理化が進んだことは事実です。しかし、既成宗教がある意味で退潮していった一方で、新しい宗教もたくさん生まれてきました。また、たとえばタイ仏教の改革運動やイスラームからはアフガニスタンのタリバーンのような過激集団、インドのヒンズー教の人民党に示される急進的な宗教民族主義の主張など、既成宗教の中からも新しい動きが出てきました。そのため、世界的に見ても多くの地域でさまざまな困難な問題が宗教をめぐって生じています。アフガニスタンでは宗教(イスラーム)が政治と民族問題とからみ、それが国内の戦争を終らせ、和平をもたらすことの最大の困難となっています。アメリカでもカルト集団による集団自殺がありました。インドではヒンズー至上主義の人民党が政権を取っています。隣国パキスタンとの関係も悪化し、ヒンズー教徒とイスラーム教徒との対立も激しくなっています。イスラーム国のパキスタンも核実験を強行するなどして、単にパキスタンとインドの二国問題だけではなく、世界的な安全保障の問題を起したりもしています。二国対立の背景には歴史や領土(カシミール紛争)もからむ複雑な背景がありますが、イスラームとヒンズーという宗教対立問題が強く影響していることは否めません。日本でもオウム真理教がかつてないような悲惨事を引き起しました。中国では法輪功という宗教集団が大きな政治的現象となって政府にとっての危険集団と見なされています。フランスは強力な反カルト法を成立させました。いうまでもなく、宗教も民族も文化の問題です。

文化を重いものとして捉え、その姿をきちんと見据えていかなければならない時代になったといまさらのように感じます。

グローバル化によって際立つ「異文化」

ところで、文化摩擦あるいは文化の衝突、文化紛争ということがよく言われます。異なる文化同士が出会って、それが摩擦を起したり、きしみを起すような状態がいま改めて大きな問題になってきました。現在の世界は、交通手段やコミュニケーションの技術が飛躍的に発達して地球が狭くなっていることは事実ですから、お互いに違った国の人同士が交流したり、あるいはさまざまな問題について協議をしたりということが非常に多くなっています。もちろん経済はボーダーレスで国境を越えて発展していくということも言われているわけですが、人類がかつて経験したことのない異なる文化どうしの接触が行われていることは事実です。そういう大きな意味での人間と文化の交流による国際化とかグローバル化は、当然人々の間に文化の違いを意識させ、際立たせてもいきます。

日本人も、年間一〇〇〇万人以上が海外旅行に出掛けるようになりました。それが観光旅行であれなんであれ、外国へ旅すればなんらかの形で異文化に接せざるを得ませんし、日本国内にも、さまざまな外国の人がきて働いたり、あるいは旅行にきたりする時代になりました。その数は出掛けてゆく日本人の数と較べれば大変少ないのが現状ですが、このことは後で触れたいと思う問題点です。さらにこうした移動現象に附随して世界のさまざまな地域の人たちと政治から料理まで多くのレベルで交流をしなければいけません。そうなると風俗や習慣の違い、言語の違いまた宗教の違いが日常の問題になります。

たとえば、私が経験した異文化間の出会いとして興味深かったのは、あるホテルで東南アジアの方々をお迎えしてのレセプションが開催されたときのことです。イスラームの人は豚は食べませんから、そこは日本のホテルもいまでは心得ていて豚肉などは出しません。インドの人は招かれていなかったので、メインディッシュは牛肉でした。ところが、そこにミャンマーからきた仏教徒がいたわけです。普通、日本の仏教徒は何でも食べますから、仏教徒なら牛肉も大丈夫と私たちは思ってしまうわけですが、ミャンマーの仏教徒には、戒律を非常にきびしく守って牛肉を食べない人がいます。そこまではホテル側も考えていなくて、あわてたということがありました。同じ仏教徒の中にある違いにも神経を使わないと、つまりそうしたレベルにまで文化の違いを日常生活の中でも常に意識しないと、それこそパーティも開けない時代になっているわけです。インドの人、牛肉を食べないヒンズー教徒がいなかったと記しましたが、東南アジアにもインド系の人たちはたくさんいます。シンガポールの人と一口にいっても、マレー系イスラーム教徒もタミル系インド人もいるわけですから、それらの人たちの参加も当然考えなくてはなりません。幸い、このときはミャンマーの仏教徒の問題だけですみました。

二〇年以上前にアメリカに行ったときには、こんな話も耳にしました。日本の外交官宅で開催されたパーティで、その頃日本人は異文化理解についての意識があまりなかったので、豚肉料理も含めてさまざまな料理を出しました。ところが、イスラームの国の外交官がいて豚肉は食べないから、少しでも豚肉の混じった疑いのある料理には手を出さず、それはほとんど何も食べないことを意味しました。イスラーム国の外交官を招いたのに豚肉料理が出たということですでにここは非礼だということになってしまうわけです。つまり、ほかの国の外交官も、外交的な態度としてイスラームの方が食べないのなら自分も食べないということで、その夕食会がうまくいかなかったのです。この話の真偽のほどは定かではないのですが、よく聞かされた異文化を知らぬ日本の外交官の話で、当時の日本人の「異文化無理解」ぶりを示すエピソードだったのでしょう。

現在ではさすがにそんなことはなくなったと思いますが、異文化に対して無理解であることは、外交的な摩擦をも引き起す可能性があります。外交の相手とその文化に対する無理解を卑近なところで出してしまっては、表舞台の外交での努力を無にしてしまいかねません。何よりも相手に不信感を与えることはさける必要があります。そして、このことは他の人たちに対しても大きな影響を与えます。イスラームの方に豚肉料理を出すということは、イスラーム文化に対して礼節を欠く行為と受け取られますから、イスラームの人たちだけでなく他の文化圏の人々にも「文化のたしなみ」のない行為として不快感をあたえ、不信の気持ちを生じさせて、こんな人たちのところへ来ると自分たちの信用も傷つくとして、二度とパーティには来てくれないことになってしまう危険があります。私がたまたま聞いたこのエピソードは日本の外交官が主役の話でしたが、これは日本の会社員、日本の学者、日本の……と置き換えても通ずるところが多いかと思います。

そうした細かなことも含めて、異文化の理解という問題が私たち一般の人間の日常生活まで重要な問題として入り込んできていて、それをしっかり意識しないと、単に世界でどうやっていくかというだけではなく、たとえ日本人であっても、日本でちゃんと生活していけない状況になっています。もちろん外国に行って仕事をするとなるともっと大変で、日本のビジネスマンがアメリカに行ったり、インドネシアに行ったりして、外国でビジネスをする場合に、その国でのビジネスのやり方だけ知っていればいいかというと、そうではありません。アメリカで日本の自動車会社がセクハラ問題で訴えられ莫大な賠償金を支払わせられるという事件が以前ありましたが、その場合の「セクハラ」には現在のアメリカ文化の一面を端的に示すという側面もあるのです。現代アメリカ文化の中には確実にジェンダー(性差)の問題が位置づけられていて、その位置づけは日本とかほかのアジア諸国とはかなり違います。しかも、アメリカは多文化・多民族社会で、共通のルールを守ることに大きな神経を使う社会です。そういう側面をきちんと理解していないとビジネスもなかなかうまくやっていけないわけです。

外国で仕事をする日本の企業活動には「異文化」への無理解がみられることも事実にちがいなく、これは大きな事件を引き起すことにもなります。この事件は別のところにもすでに書いたことがありますが、数年前に、タイで日本のタバコの包装紙にタイの王宮の有名なエメラルド寺院の写真を使ったところ、タイの文化と社会の中心的価値を冒瀆するものと非難が起き、そのタバコを回収する騒ぎがありました。これなど、仏教と王室がタイ国を支える文化的のみならず政治的にも重要な柱となっていることに深い注意を払う「異文化理解」が企業の行為に欠けていたことを示しています。タイ国の観光ポスターなどにも必ず登場する名所でもあるから、もっとも有名な場所を背景に使ったらよいと簡単に日本企業の方は考えたのでしょうが、タイ国文化の宣伝と外国企業の宣伝に使うのとではまったく違う意味をもつことに気づかないのは、やはり「無理解」と批判されても仕方ないでしょう。今は日本人の活動に対して世界のどこでもそういった反応が強く返ってくる時代にもなっているのです。

文化を説明することの難しさ

　異文化を理解することの重要さは、これまで述べてきましたように、二一世紀に入ったいま文化が改めて世界を動かすような重要なファクターになってきたということのほかにも、これまでの二〇世紀の政治や経済、あるいは科学技術というものが、その底にある文化をきちんと見てこなかったことを意味します。国際政治学でも近年「文明の衝突」論という議論が出ていますが、たとえばパレスチナ問題一つをとってみても、その根底には、アラブ系イスラーム教徒とユダヤ教のイスラエル人といった大きな文化の違いがあると考えられます。もちろんそこには歴史的な領土問題から政治、経済の問題もあるのですが、もし同じキリスト教徒、同じユダヤ教徒、あるいは同じイスラーム教徒の間のことなら問題が回避されるはずのところが、文化が違うがゆえに解決しない問題となっているという側面が強くあるわけです。聖都エルサレムをめぐる両者に加えてキリスト教徒も加えた争いを見ても、よく解ります。異文化をよく理解したうえで、政治や経済を運営することができれば、多くの問題はより解決しやすくなるのではないでしょうか。難しいことではありますが、「異文化理解」は根気よく行なってゆく必要がある時間のかかる問題です。

　ただし、異文化理解には、大きな障害も存在します。それは文化が、非常に不合理なものであるということです。たとえば私たちは、自分たちがどうして日本語をしゃべらなければいけないかについては、説明できません。日本に日本人として生まれたから日本語を話すのが当たり前だと言っても、合理的に説明できないわけです。大部分の人間にとっては言語も文化も生得のものとして割り切るしかないということでしょうか。同じように、世界にどうして違う言語があるのかということもうまく説明できません。言語学は現代において大変発達しましたが、どうしてこうも違う言語がたくさんあるのかについては明確な答えは用意していません。

また東アジアで中国人と韓国人、日本人は外観的にはほとんど変わりませんし、東南アジアでもベトナムも含めてタイあたりまではほとんど変わらないと言っていいと思いますが、文化的な特徴は本当に違います。中国語と日本語は漢字を共有するといっても全然違う言語ですし、北東アジアの人間はだいたい同じようなエコロジカルな条件の中に生きているのに、食べ物を見るとどうしてこんなことが起るのかと不思議に感じるほど違っています。中国東北部ではどうして肉といえば豚肉が最も一般的で、油をたっぷり使った料理になるのか、韓国だとそれがなぜ牛肉になり、日本はなぜ魚になったのか、そういう違いは理屈ではなかなか説明できないわけです。

文化が違うからと言えば誰もがなんとなく納得するのですが、ではその違いはどうして生じたのかとなると、なかなか説明ができません。それぞれの国や地域において長い時間の中で独特の文化が生み出されたと言うしかないのです。ですから二〇世紀では、文化の問題は科学でははっきりと解明できない問題としてまともに扱われず、まともに向き合うことが社会科学においても文化人類学など以外ではなされずに二〇世紀の取り残された問題として存在するが故にいまや新世紀の困難な問題として残っています。二〇世紀の間に科学技術が解決した問題はたくさんありますけれども、文化の違いの問題は解消できませんでした。そのために私たちはいま、これだけの科学技術の発展を達成した栄光の二〇世紀から新世紀を迎えて、ようやく、いまだ古くて新しい文化の問題に向かうことを余儀なくされているということでしょうか。

自文化と異文化の狭間で生きる

文化という現象が人間にとって非常に重要なのは、それが価値の問題でもあるからです。価値というもの、あるいは人間にとっての象徴的なものを意味として与えるのが文化の大きな特質である、と言ってもいいでしょう。ですから私たちは生まれ育った文化の枠によって束縛される度合がかなり強いということができます。どんなに国際化されても、あるいは自分の文化を振り切ったと思ったとしても、どこかに自分が生まれ育った文化をになっている、あるいはその宿命から逃れられないという側面を人間は残しています。

たとえば、ドイツで育ったユダヤ系のハンナ・アーレントという有名な政治哲学者がいます。彼女はナチスに迫害され、アメリカに行って、アメリカの大学で英語で講義し、本を書くようになりました。しかし彼女が第二次世界大戦後ドイツに初めて旅をしてインタビューに応じ、その中でドイツに惹かれると語っているのです。自分が育った母語としてのドイツ語に惹かれるという理由でした。ナチス・ドイツにあれほどひどいことをされて、アメリカで学者として名声を得て、ドイツに思いを残すことなど一切ないはずの、もとよりドイツに住む必要のない人間が、生まれ育った文化、とくにその言語に対して断ち切れない郷愁を覚えてしまうというのです。

日本人の場合は、戦争に際しても外国に亡命したり、国籍を変えるケースは非常に少ないといってよいでしょう。逆に長年外国で成功した社会生活をおくっていても最後は日本に帰ってくるという例はたくさんあります。その場合も、帰国する動機に育った日本文化が強く影響していることが多いと思います。

一方で、とりわけ現代は、これまでにも触れましたように誰しも異文化と出会うという経験を持たざるをえない時代と言えましょう。どんな地球の片隅に住む人間でも、どこかで自分と違った文化と接していると言われていますが、それは、まったく孤立した文化というか孤立した人間集団は九九パーセント存在しえない、ということなのです。特に近代以降の交通手段の発達した時代になると、なんらかの形で異文化と接触することが、繰り返しますが人間が生きるうえでの一種の宿命になってきています。

社会の中で個人は孤立しては生きられないわけで、他人と出会い、集団と一緒に生活するというのが社会的動物といわれている私たち人間の宿命です。と同時に、文化も一つの文化だけで孤立しては成立しません。自文化だけでは存在しえないのです。他の異文化と絶えず接触しながら、その影響をうけたり、また影響を与えたりしながら存続していくのが文化であると言っていいと思います。日本の文化もまさに太古以来いろいろな異文化の影響をうけて存在してきました。この文化の「混成性」については後章で詳しく触れたいと思いますが、現在のような日本文化も、濃厚に外来の異文化の影響を受けて成立してきたものなのです。

このように、人は生まれ育った文化から抜け出し難く、同時に異文化と絶えず出会わなければならないという二つの宿命を併せ考えると、私たちは自文化と異文化の狭間《はざま》の中で生きていかざるを得ないし、現在は特にそういう時代だと言うことができると思います。それが逆に自文化の枠と異文化との違いを感じさせもするわけです。文化をめぐる状況はとても複雑です。

身近に異文化を見出す

異文化と出会うことは現代人にとって避けられない宿命と申し上げました。その場合の異文化は、たとえば外国からきた一枚の絵葉書でもいいのです。たとえば、インドからきた絵葉書に祭の風景が描かれていて、これはなんだろう、自分たちの祭と違うものだと感じたとします。これはもう異文化と接触したことになるでしょう。また、人によっては両親が仕事などで外国に行き、その外国で生まれ育って、日本へ帰ってきて初めて日本文化を異文化として発見する人もいます。それから小説とか、映画とか、音楽とか、またテレビやインターネットなど、いろいろな形で異文化と出会う機会がいまでは豊富に与えられていますが、大切なのは、異文化を異文化として意識するということではないかと思うのです。

たとえば、私自身にとっての異文化との出会いと言えば、小さいときに家の納戸に入ったら、そこに祖父が明治時代に外国に行ったときのトランクがいくつか置いてあって、そこにいろいろなラベルが貼ってあるわけです。船で行った時代ですから、航海したときのラベルとか、外国のいろいろなホテルのラベルが貼ってありました。これはなんだろうと母に尋ねましたら、それは祖父が外国旅行したときのものとの話で、そこで最初に異文化に出会ったような気持ちになったことがあります。いまでもよく憶えていることです。

またある主婦は戦後間もなくアメリカ旅行をして帰ってきた父親が、ティッシュを持って帰った。そのティッシュに香水の匂いがついていた。そのころの日本では「塵紙」と言っていたような時代でティッシュなどはなかったころですから、それを見て初めてこれはアメリカ文化だと感じ、異文化と出会ったと思った、という話を聞いたことがあります。あるいは戦後アメリカが日本を占領していましたから、占領軍のアメリカ兵のベレー帽とか、アメリカ兵からもらって食べたチョコレートの味とか、異文化を意識したいろいろな場面とか機会が私自身の小さい頃の記憶に照らしてみてもあったと思います。

先にも記しましたが、さらに現在の日本の都会では、向こうから日本人とまったく同じような身体と服装をした人が来て出会ったときに、日本語で話しかけたら中国語が返ってくるとか英語が返ってくるとかいった経験をすることがあります。外国に行ったとき、自分たちで自明だと思っていたことがまったく自明でないという経験をし、そこで異文化がある、違った世界があることを認識するのは普通の体験でしょうが、国内で外国人と出会ったときにも同じような経験をすることがあります。また誰しも映画やテレビや本を通してでも、自分たちとは違うな、これはなんだろうと思うような異文化との出会いの瞬間があるはずです。

外国語を初めて習い始めたときにも異文化体験ができるのですが、ただ、これまでの日本の学校ではこれを異文化理解の形で教えようとはなかなかしませんでした。英語教育も、最近ようやく、本当は文化としての英語として教えなければいけないと言われだしましたが、これまではほとんどそうではありませんでした。少なくとも私などが受けてきた経験では言葉は文化と切り離されていました。しかし、言葉は人と文化とともに存在するものですから、言葉だけ独立して教わるというのは難しいと思います。そういう点では日本は外国語教育の面でもあまりにも自文化の中に充足しすぎているのではないでしょうか。私は、日本は外来文化を非常に広く受け入れる、世界でも珍しい社会であると思っています。ですから、日本にくれば世界中の料理があるとか、世界中の文化のいろいろな面が見られることもあるし、欧・米を中心として外国語の書物の翻訳も書店にあふれているわけですが、同時に、日本の文化の特性として、外来文化を自分たちが必要だと思うところは全部取り入れてしまうが、そうすると本来の文化が持っていた形を全部なし崩しにして自文化に同化させてしまう、あるいは消化してしまうところがあるとも思っています。たとえば、平仮名とか片仮名という日本の文字はもともとは中国の漢字からつくり出されたものといわれていますが、いまではこれにさらにローマ字も加えて使っているわけです。それらを日本語の中に吸収してしまい、漢字も本来の中国語とは違う意味や音で用い、ローマ字も日本語的に使っています。

日本文化には、非常に開かれた受容性と同化、あるいは、消化による閉鎖性が同居している側面があります。そしてそれが、これだけ外来文化を多く取り入れているのに、依然として異文化に対して非常にナイーブだといわれ、国際化で苦しんでいる大きな理由ではないかと思っています。

ですから、このI・1章で私が最後に申し上げたいことは、異文化理解を改めて問題として取り上げ、そのさまざまなあり方を見て、積極的に異文化を意識し発見して理解しようということです。最初に述べましたように、異文化に対する対処の仕方が重要かつ不可欠な時代となりました。「異文化理解」をさまざまな面で検討することは、この地球上において人間そして人類が、互いに平和に協調して発展してゆくための基礎的な行ないとなるのではないでしょうか。よく一般に「文化は軽い」と言われていますが、現在では実に「文化は重い」ものなのです。何よりもこの文化についてのソフトからハードへの意識の切り換えが必要です。

2　異文化を憧れる

「異世界」への憧れ

かつて日本でもよく引用されたドイツの詩人カール・ブッセの「山のあなたの空遠く」という言葉ではじまる詩がありますが、どこか山の向こうに未知の世界があり、それが自分たちの世界とまったく違ったユートピアのようなところだという意識は、世界のどこに行ってもあるようです。「桃源郷」や「蓬萊山」、「地上の楽園」など、人間の理想の投影としての異世界については、神話や伝説などが、いろいろなところで語り伝えています。

実際、山のあなたへ行ってその現実を見ると、そこはユートピアでも楽園でもなくて、逆に地獄だったなどということもあるのかも知れないのですが、といって日常の世界は平凡で面白くない。となると、人間には「異世界」に対する憧れがどうしても出てきます。それは人間にとっての本源的な衝動の一つとしてあるとしか思えないようにも感じられます。そうした衝動はおそらく、異文化について考えるときにも発動します。異文化に対する憧れは、自分の日頃接するものとは違ったものへの関心であり、自分たちの文化にはないものをよそに見出そうとする、〝ないものねだり〟でもあるのでしょうが、私にはそうした異文化への関心こそ人類にとっての基本的な関心であり物事を発展させる重要な動機の一つであるように思えてなりません。

人類学では、人間社会の発展は、「族内婚」、すなわち同じ一族の中で結婚を繰り返していた状態から、「族外婚」、よその集団の人たちと婚姻をするようになって初めて人間の集団が大きくなった。外へ向かっていったことから社会集団の発展が起ったと一般に考えられています。すなわち、族外婚によって今日の社会への発展の基礎ができたと言っているのですが、その他の面においても何か違ったものを取り入れることによって自分たちの生活がより豊かになるという〝智恵〟は、人類にかなり共通してあるように思います。

おそらく、それが人間と社会の古代から現代まで依然として変わらない異文化への大きな関心の源なのでしょう。また、異文化を理解するうえで、改めてそういう人間の生活の基礎になるような異文化への関心をいま一度見直す必要があると思います。

発展・変革の原動力

異世界・異文化への憧れは、人間社会の発展のために必要な変革にとっての原動力となることがあります。その端的な例は、日本の近代です。

たとえば、「黒船到来」以降、日本人は、西欧やアメリカなど科学技術の発展した先進社会に対し、追いつけ追い越せと「文明開化」を行なってきましたが、同時に西欧やアメリカに対して、異文化としての憧れを持って、その憧れを実現するために近代化を行なった側面があります。欧・米がもし憧れに値するような世界でなく、単に軍事力などが強いだけであれば、日本の近代化は別の形をとったかもしれません。ましてや、現在でもなお何かあると欧・米の例を上げずにはいないような、「アメリカや西欧に対する限りない接近」という衝動は日本人の間に生み出されなかったのではないかと思われます。

日本の近代化は、単に技術的な側面での「和魂洋才」で対すればよいというわけではなかったと思います。全面的な「西欧化」ではないという「和魂洋才」的な「自立」のスローガンは必要でありましたが、実のところ近代日本にとっての西欧文化は、現在に至るまで強い憧れの対象となり続けてきました。その西欧文化への憧れは未だに非常に強いものがあって、今でも何かというとパリやロンドン(そしてニューヨークやロサンジェルス)に行こうとしますし、日本がこれだけいろいろな機械製品を製造するようになり、現代国家としては互角か互角以上の経済力を持っても、たとえば雑誌は依然として毎週毎月のように、パリ、ロンドン、ウィーン、ニューヨークなどの特集を組み欧・米の文化への憧れを人々に伝達していまます。こうした憧れの強さ、深さが、日本の近代化の一つの原動力だったと思うのです。そういうものがなくて果たして日本の急速な近代化が可能だったかどうか。私は、非常に難しいところだと思います。

近代日本にとっての西欧は、科学技術的にも社会としても非常に発達した社会であり、「文明」のモデル足り得る存在でした。またその文化も、哲学や文学、音楽から建築に至るまですべて日本人が憧れることができ、理想として追求したくなるようなものでした。自分の世界でそれと同じものを作ることは出来ないとしても、理想として追求しようとしたことは事実です。また西欧クラシック音楽とそのオーケストラに、歌手にオペラに、西洋美術展にと、音楽や美術や文学などでは限りなく西欧に近いスタイルがそのまま輸入されることにもなっています。多くの面で西欧の文化は日本人の学習の対象になりました。それが日本の近代化、現代化の原動力になったわけですから、「異文化に対する憧れ」が果たした役割は非常に大きいと言うべきでしょう。

欧米にもあった異文化への憧れ

では逆に近代以前は別として近代の発達した西欧から見て、非西欧世界の異文化はどう感じられていたのでしょうか。そこにもやはり異文化への憧れがありました。

たとえばルソーには、「高貴な未開人」という有名な言葉があります。これはルソーが生きた時代のヨーロッパを、「科学技術、文明として発達はしているが、人間の心が純粋さを失い、汚れ、高貴な人間性が失われてしまった社会」と断じ、それに対して、当時断片的な知識として入ってきていた南太平洋の島々に住む人々の世界を、「人間性が非常に純粋に保たれて、西欧のような汚濁した世界ではなく、その住民は未開人であるが高貴な未開人である社会」と捉えて、「その点こそ西欧に欠けているものである」と、称揚する文脈の中で語られた言葉でした。いずれにしても、そこには、南方の異世界に自分たちが失ったものをまだ保持しているユートピアを見つけたいという衝動と同時に、異文化に対する憧れが感じられます。

西欧にとっての異世界、異文化を憧れの目で見たのは、もちろんルソーだけではありません。アメリカの文化人類学者マーガレット・ミードは、一九二八年に出版されたオセアニア研究の有名な著作『サモアの思春期』という本の中で、大要以下のような事柄を述べています。「アメリカや西欧社会では性というものがキリスト教の影響もあり非常に抑圧されており、社会においても男女関係においても非常にいびつな形で表現されている。しかし、サモアではそういうキリスト教的な抑制がないから、人々は性に対して非常に伸びやかで開放的な態度で対することができる」。サモアの地を一種の理想郷として描いているわけです。そして、「文化はそれぞれ独立した価値を持つものであって、その文化には上下関係はない。巨大な中国文化であろうがサモアの小規模な文化であろうが、どちらも一つの文化として独立した価値がある」という「文化相対主義」の考え方を展開しました。

こうした主張をする文化相対主義はこの本が広く読まれた一九二〇年代末ぐらいからアメリカの人類学者を中心に主張されはじめた考え方ですが、その相対主義という考え方そのものが、近代のキリスト教的な西欧文化に対する批判を含んでいます。

西欧やアメリカの人々が以上のように自文化を批判的に捉え、その一方で何らかの異文化に憧れを抱くに至ったのは、もちろん文化人類学者だけではなく、旅行家などを含めて西欧人が徐々に非西欧世界を〝発見〟していって、その文化のあり方を深く知るようになり、そこに西欧とは違った価値とか違った美と芸術、違った人間関係のあり方や別の形の社会秩序、自然との調和的関係などを見出したからでした。それらの内容が示すものは西欧世界にとって文化的に非常に大きな誘惑であり、憧れとなるものでした。タヒチへ行ったゴーギャンや、日本へ来たラフカディオ・ハーン（小泉八雲）など、非西欧世界の魅力にとらわれてはるばる南太平洋や極東へ出かけて行き、そこに住み着いた人も多く存在しました。そしてそこまではしないまでも、アジアやオセアニアの異文化に憧れた西欧人の例は数多くあります。

ですから、工業的に発展しているからその文化がすばらしいかというと必ずしもそうではなくて、「未開」状態にあるとか、科学技術や工業的な面ではまだ発達段階にあるような文化であっても、逆にその「未開」さや発達段階にある「よさ」を見つけ出し、自分たち西欧には存在しない美や価値の世界として憧れることもあるわけです。その場合も一種の〝ないものねだり〟と言っていい面があると思いますが、人間には他人の家の食事がおいしそうに見えるということと同じように、他の文化は非常に優れたものに見える傾向もあるということではないでしょうか。

生きるための活力源

異文化への憧れとか異文化に感じる誘惑はまた、一つの文化集団だけでなく、個人個人に対しても生きがいとか、また、自分を表現するうえでの強い動機を与えてくれることもあります。

その最も身近な事例は、「ブランド商品」に見ることができます。二〇年ぐらい前に日本にもルイ・ヴィトンのバッグが入ってきたときに、日本の農村地帯にある小さな駅で若い女性が、大きなルイ・ヴィトンのバッグを抱えていたという目撃談がまことしやかに語られたことがありました。別に嘘をいったのではなかったと思います。それはいわゆる一点豪華主義といわれた高級品であり、彼女が住む日本の地方文化から見ると明らかに突出したものであったわけですが、彼女にとっては、そのルイ・ヴィトンのバッグをもつことこそが憧れであり、生きがいだったのではないでしょうか。よく考えてみると、たとえ東京のような大都会に住む者であっても似たような形で異文化を生きがいにしたり、自分の目標の一つにしていることが意外に多いように思われます。

ちなみに日本文化も、西欧文化に所属する人々に対して、同じような影響を与えた事例がいくつかあります。たとえば一九世紀の終わりのパリ万博で、日本文化に対する関心が急速に高まり、それが「ジャポニスム」という一種の芸術運動に発展して、とりわけ日本の浮世絵の手法が、フランスの印象派の画家たちに非常に大きな影響を与えました。この場合も、純粋な美的な好奇心で見た日本の作品から、西欧とはまったく違った美の世界があることがヨーロッパ人に感じられて、憧れを持たれるとともにその美を生み出した手法を積極的に採り入れたということなのです。

ですから、異文化は、いろいろな形で発見されたり捉えられたりしながら、人間が生きる活力源にも芸術創造のモチーフにもなり得ます。音楽や美術においてもそうですし、政治や経済でもその面では基本的には同じなのです。ルイ・ヴィトンの例でも明らかなように装飾品や道具、それに工業製品なども一種の異文化として、異文化であるが故に得られる好奇心や憧れをてこに、人々に活力を与えるものとして世界に流通していくわけです。日本でできたヘッドホンステレオやカラオケが世界に受け入れられたときに働いたのは、(もちろん製品自体の優秀さとかアイデアの秀逸さもあったでしょうが)まさしくその種の力だったのではないでしょうか。日本製品の誘惑です。これはTVゲームやアニメなどによってますます拡大されています。

誘惑する力の「強」「弱」

ただ、これまで触れた「憧れる・憧れられる」、「誘惑する・誘惑される」という関係で文化を見ると、文化にはおのおの特性のようなものがあって、先ほどの文化相対主義の考え方とはまた別の次元で、どうしても非常に誘惑する力が強い(憧れられやすい)文化と、誘惑する力が弱い(憧れられにくい)文化がでてきてしまいます。こういう言い方をしますと、強い軍事力とか経済力、政治力を持った国や地域の文化は誘惑する力が「強い」と思われがちですが、必ずしもそうではありません。

アメリカのように、一九世紀の終わりごろから二〇世紀の前半にかけて産業力・経済力が世界に突出するようになったものの、文化面での影響力は依然として弱く、第二次世界大戦後まで大学などでもヨーロッパの名門校と較べれば世界の一流校がほとんどなく、そのため優秀な学者や研究者はヨーロッパから連れてきた例もあります。たとえばアメリカの多くの大学はナチスの迫害を逃れたヨーロッパからの亡命学者を受け入れて世界の一流大学になりました。経済力は誇っていても現在に至るまで、アメリカでは高級品と言えばヨーロッパのものを指すことが多いようです。アメリカに旅行してもお土産を何にするか困る人が多いのは、実用品以外にアメリカが世界に誇る高級ブランド製品があまりないからです。私もいつも困りました。

もちろん、日本についても、同じようなことが言えます。

現在の日本の経済力はイギリスなどよりはるかに強いわけですが、依然として大学も含めてイギリス文化への関心が強く、イギリスに関する各種の本も多数出版されていますし、イギリス式お茶の飲み方やイギリス庭園の作り方などイギリス文化紹介もテレビを通じて多く行われています。日本には和食というすばらしい伝統があるのに、イタリア料理とかフランス料理に対する関心はますます強くなるようです。現在では自分の好みとしてフランス料理を食べたりイタリア料理や中国料理を食べたりしているのだと思いますが、しかし、その中にはどこかに、一種のエキゾチシズム、明治以来のいわゆるハイカラ趣味や舶来品崇拝といった志向が混じっているように思えます。人と同じものを食べていては、いくらおいしいものであっても満足できないという人がいますが、その場合は何か異文化的なものを加えて差をつけよう、という気持ちが働くのではないでしょうか。

同じようなことが思想とか宗教においても見られます。日本では七世紀に仏教が入ってくると信仰の中心は仏教になりました。仏教は外来の思想であり信仰ですが、多くの人々にとってそれは大陸の大文明からきた〝外来〟の教えだからすごい、となった面があるのは否めないようです。儒教をはじめ中国の文明は日本にとっての一種のモデルとなっても来ました。文字も建築も都市づくりも道徳や倫理や人間の生き方も、中国文明と中国人がお手本でした。

また、強い武力があれば征服した国の文化をも牛耳られるかというと、そうでもありません。モンゴルが中国平原部に侵攻して元王朝を作りますが、モンゴル人は文化的には漢民族の比ではなく、素朴な文化しか持っていなかったために、ごく一部の習俗を除いて、漢民族の文化に同化してしまいました。歴史的にはそういう例があります。

ですから、今、異文化理解を考える場合には、ある異文化に対する憧れがあることを率直に認めて、その文化が「憧れを惹き起す」「誘惑する力が強い」ことを、異文化理解をすることの理由の大きな要素として捉える必要があると思います。

色濃く残る憧れや好奇心

さて、ここまでは、異文化への憧れや好奇心がどのような影響を与えてきたかを見てきました。特に最近の日本は、これだけ経済的に発展しているわけですから、異文化への憧れや好奇心はそれほど強いものではなくなっている、異文化自体、さほど大きな意味を持たなくなっているのではないかという議論も出てきそうです。しかし、本当にそうでしょうか。

現在の日本人の生活を考えると、私は逆に、異文化を抜きにしては生活が成り立っていかないように思えます。

そのことは、日本人の生活が食糧をはじめとして外国からの輸入の物品によって支えられている事実もありますが、何よりマス・メディアの現状を見れば明らかでしょう。たとえばテレビ番組から異文化の要素を抜いたら、ニュースからドラマ、クイズ番組まで、どのジャンルでも本当に少なくなってしまいます。クイズ番組では異文化をモチーフにした番組がたくさんあります。また生活文化の中にあふれる外国製品も決して減ってはいません。そういう点で異文化は依然として、私たちの日常生活の中で大きな意味を持っていると言えるでしょう。そしてそこにはまた異文化への好奇心とか憧れが潜んでいるわけで、もしそうでなければ、これだけ異文化に対するイメージが氾濫することもないはずです。

異文化への憧れが今なお色濃く残っているということでは、日本のテレビ・コマーシャルとか雑誌のグラビア広告に、異文化をモチーフにしたものが未だに数多くあるという事実も傍証になると思います。確かにひと頃アメリカとかフランスの白人俳優が出てきて宣伝するばかりで、黒人やアジア系の人が少ないのは差別だと言われたこともあって最近では黒人も起用されていますし、アジアの人たちも起用されていますが、いずれにしても、日本人の俳優やモデルでいいはずなのに外国人を起用していますす。そのことには、ちょっと違った異文化的な色合いをつけることによって日本人視聴者の関心を喚起しようという、昔ながらのメディアや制作者側の意図があります。いまなお盛んにそういう広告が作られ、日本人視聴者に受け入れられている点にこそ、日本文化の中にまだ異文化への憧れが残っていることが、象徴的に示されています。

またテレビの解説などを見ていますと、同じことを言うにしても、英語を使ったりフランス語を使ったりするとなにか話が通るような錯覚を覚えて、聞いているほうも実際には意味もわからないのに何となく聞いてしまうことがあるために、有力な政治家や誰でも知っている野球の監督をはじめ多くの人が、会話の中で使っています。そういうことまで併せ考えますと、異文化は未だに日本の文化、社会の重要な要素であって、そこには依然として憧れとか好奇心とか、何か通常の日本的なものとは違ったものへの関心が深く存在していることがわかります。

憧れと軽蔑——異文化に対する二つのアプローチ

異文化は、それに対する憧れ、好奇心を媒介にして、社会や個人にある種の活力を与える、現在でも与え続けているということを中心に述べてきました。そこで注意すべきことは、異文化に対しては一般に二種類の接し方があり得るということです。一つはこれまで触れたような憧れが異文化の理解への関心となり、ひいてはその理解へとつながることがあることです。しかし、二つめに、逆に憧れが容易に軽蔑へと転じて、異文化理解どころか異文化との断絶へと傾く場合もあるということに触れておかなければなりません。

その、大きく分けて西欧とアジアという二つの異なる世界の間での理解と断絶の例は後章の「オリエンタリズム」について論じるところで詳しく述べることになりますが、ここでは日本と中国、そして他のアジアの文化との問題に例を取って簡単に述べてみましょう。

先にも少し触れましたように、日本は、中国の文化を江戸時代まで非常に高く評価し、尊敬し、それこそはっきりと憧れの対象としていました。それが近代になって西欧と出会い、憧れの対象を西欧に転じて西欧をモデルに近代国家として発達するに従い、中国が西欧に比べて劣っている、あるいは停滞しているという理由で、逆に見下すようになってしまいます。もともとは儒教にしても漢字にしても、あるいは中国を経由してきた仏教にしても、日本にとって大陸中国が異文化の中心であったのが、逆にそれを劣った文化として見下すようになったのです。そうした傾向は現在の日本でも、色濃く残っていると言わざるを得ません。もちろん、日本文化のルーツの一つとして中国文化を捉え、きちんと正面から向き合って再評価しよう、理解しようという人も多数いますが、依然として残念ながら中国文化への評価は低いのです。

中国に対するそうした近代日本の傾向は、アジア全体に対しても拡大されてきました。アジアにあるさまざまな文化に対しても、それをアメリカや西欧の文化と同格には置かないようになりました。その傾向は現在まで引き継がれています。

近代の日本人は、アフリカとかアジアとかいった、西欧やアメリカ以外の文化に対しては非常に冷淡といいますか、正しい認識をなかなかしようとしない傾向がありました。そこでは近代化という面からみて発展しているか、遅れているか、といった単純な尺度を当てはめて、その文化が憧れの対象となるかどうかと判断され、人々の関心が左右されてしまいました。中国やそのほかのアジアの国々の文化は憧れの対象でなく、お手本にはならなかったからいまでも劣ったものだという、短絡した認識が見られます。

異文化に対してはこのように、一方に対して憧れると、同時にもう一方に対しては軽蔑するとか、嫌いになるとか、極端な態度を取ってしまう危険性があります。しかも、憧れる場合も軽蔑する場合も、その文化のさまざまな面を深く知って判断するのではなく、ささいな、断片的な知識や印象だけで結論づけてしまいがちです。一般に異文化に対して冷静で客観的な判断を下すのは非常に難しいことですから、どうしても好きだとか嫌いだとか、あるいは憧れるとか軽蔑するとかいう非常に恣意的な感情的な形で位置づけてしまうことが多いのです。

それは人間にとっての異文化が持つ宿命なのかもしれませんが、ただ、現在のように異文化をどう捉えるかが非常に重要になってきた時代においては、近代日本のように憧れと軽蔑といった二元的、あるいは好か悪かといった両極端の捉え方ではすみません。何よりも、そのような浅い異文化そのものの捉え方では現実の世界に対してまともに向かって行けません。さまざまな異文化についての憧れを何によるのか冷静に判断するとともに、大したことはないと片づけてしまった文化についても、不当にも貶《おとし》めて捉えてしまっているところがないかどうか、改めて検討しなければならないと思います。これは大きな課題です。

II　異文化を体験する

右：様変りした成人式は「境界の時間」を過ごすものか？(写真提供・毎日新聞社)　左：バンコクで僧修行中の著者

1　バンコクの僧修行

異文化としての仏教

異文化を体験するといっても、大げさなことではありません。いく度も言いますが東京や大阪の地下鉄で、顔かたちが全く同じといってよいので、何かのひょうしに声をかけると、日本語が通じず、ハングルや広東語の返事が返ってきて、身近な「異文化・他者」の存在にいまさらながら驚く経験は、それこそ日常的に起っています。カフェに入ったら、ウェイターやウェイトレスが中東系の人たちや中国人であることも、いつの間にか当り前のこととなっています。食べ物での「異文化」などむしろ大都市では「異文化」優勢の感も、日本の日常生活の中で経験しているといってよいでしょう。そこに異文化が入ってきて従来の日本的な文化と混成してゆくさまも実感できます。

しかし、外国へ出かけてそこにある「異文化」をまさに異文化環境の中で経験することは、やはりこのグローバル化の時代にあって大変重要な意味をもっています。ヴァーチャルな経験といわれる時代ですが、やはり実際のリアリティを体験することは、もっとも大切なことです。湾岸戦争のときアメリカ空軍がバグダッドなどイラクを空から攻撃するさまをテレビで見て戦争を経験したというのと、それは似ているからです。現実にはバグダッドでは多くの建物が破壊され、人々が死にました。グローバル化の時代では異文化の実際経験が逆にもっとも重要になると思われるのです。というのも、グローバル化の時代では人と人、人とモノ、人と社会などの間でのコミュニケーションが、物事の理解とスムーズな関係を切り拓くために不可欠の要素となるからです。

そこで「異文化を体験する」ということの一つの例として、私がタイで味わった経験を中心に述べてみましょう。

文化人類学には「参与観察法（Participant Observation）」という、異文化の中に研究者自らが入って行って、その社会の人々と文化的体験をなるべく共有するような形で生活しながら、外側から見るだけでなく内側からも理解しようとする、研究、調査方法があります。まず、自分の研究対象の地域の人々と生活をともにしながら観察をし、身をもって学習をしながらその文化を研究するのです。これは一般にはフィールドワーク研究といわれていますが、異文化でのフィールドワーク研究を経ない者は一人前の文化人類学者として認められないのが普通といっていいでしょう。フィールドワークは人類学者にとっての試金石でもあり、登竜門でもあります。

私の場合は対象地域として東南アジアを選んで、一九六五年に半年ほどタイとフィリピンに行きました。タイでは四ヵ月を過しましたが、私にとっての初めての異国滞在でした。そのときタイのさまざまな地域を回ったのですが、その時代はすでに近くのベトナムでの戦争が激しくなっていて、いろんな面でなかなか難しい時代だったのです。たとえばタイ北部の少数民族の社会は文化人類学者なら誰でも関心を持つのですが、その地域に入ろうとすると、そこはラオス、ビルマ、中国にかかわる国境地帯でもあって、政治的な要注意地域でありタイ政府の調査許可が下りないことがありました。

最初のタイ社会滞在はベトナム戦争時代で数々の制約はあったものの私にとっては実に興味深くかつ楽しい体験で、見るもの聞くもの接するもの味わうものみな魅惑にみちていました。それからタイ社会のことを勉強している間に、次第に仏教というものが重要だとわかってきました。

タイは、「王様」と「仏教」と「法律」が国家の要として存在する国だと言われますが、近代タイ社会は宗教の自由を認めていますから、国民の中にはイスラーム教徒とかヒンズー教徒、キリスト教徒もいます。また中国系の人たちの間では大乗仏教も信仰されています。また多くの中国系人の家には儒教的な先祖を祀る廟があります。しかし、全国民の九〇パーセント近くはタイ仏教徒と言っていいと思います。したがって仏教は、国教とは言えないまでも、いろいろな面でタイの社会と文化の中心にあり、タイ文化の象徴的な部分を理解する、鍵となる存在だったのです。それに最初のタイ滞在は大きな印象を私に残し、タイが好きになりました。

その後、毎年のようにタイへ訪れることになりましたが、行くたびにタイの友人たちから、タイの文化と社会のことを本気で研究するなら、一度はタイ仏教の僧にならないとだめだと言われました。

タイ仏教の修行

日本ではよくタイは国民皆僧制の国と紹介されたりしますが、実際には皆が皆、仏教の修行をするわけではありません。しかし、タイ人の間には男子で二〇歳以上の者は一度は僧院に入るという一種の不文律のようなものがあるのは事実で、それをいつ実行するかは個人の選択になるのです。

ただ、多くの男性は二〇歳を過ぎて結婚するまでの間に一度僧の修行をしますし、その時に事情があって修行をしなかった人は、年をとって会社を定年退職などして自由な身分になると、人生の転機といってもよいでしょうが、僧院に入るようです。また、親を亡くしたとき、短期間僧修行したりもします。これは一週間くらいの修行なのですが、そうであっても期間の長短は問わず頭を丸めて得度式を受けて、完全に僧になってしまうのです。

そこで私は、一九七二年から七三年にかけて二年ほどタイに留学できることになったので、その間に僧修行をすることにしました。その前のタイ訪問のとき、その決意をタイの友人知人に話しますと、それでは修行するお寺を探してあげようということになって、バンコクのある有力者の方が僧修行するための面倒を一切みてくれることとなりました。それで無事僧院に入ることができたわけです。

タイでは、七月の満月の日から一〇月の満月の日までの約三ヵ月間を、「パンサー(潤む月の意・日本では雨安居《うあんご》といわれる)」と呼んでいます。雨期の万物が潤んで繁茂する期間に相当するこのパンサーは、タイ仏教の僧侶にとっては僧院にこもって修行する時期にあたります。一般人が一時的に僧になって修行するのもこのパンサーの時期が一番いいと言われていて、タイのお役所でも企業でも僧になりたいと申し出ますと、その三ヵ月間を有給休暇として認めなくてはいけないという規定があるほどです。私も七月に僧院へ入りました。

僧侶になると、タイでは完全出家制度ですから、家族から離れ、聖なる領域に入って生活することを意味し、世俗から離れた身となって、修行をします。その点はなかなか徹底していて、僧侶には市民権もなく、したがって選挙権も、税金を納める義務もありません。社会人としては一度完全に消滅して、僧侶として生き返るわけです。僧侶になるには借金がないという証明書が必要であるとか、厳しい世俗から解放されるための条件もありました。私は留学先のチュラロンコン大学の指導教授に一筆書いて証明してもらいました。

さて、僧院に入る準備は、まず修行する先の僧院(ワットとよばれる)を決め、しかるべき師を定めてもらい、その僧侶について、パーリ語のお経を教えてもらうことから始まります。僧侶になる「得度式」は、全部パーリ語という、仏陀が生きていたころの古代インドの言葉で行われますから、それを全部暗唱するわけです。そのお経を覚えられるかどうかが大きな問題でした。覚えられなくて一年も二年も僧になれないでいる人もいるほどなのです。外国人の私はとくに緊張しましたが、必死になって暗記して、何とか覚えることができました。

僧院へ入る

タイの一般の人たちが僧になるときは、その人の住む村や町全体がそれを祝っていろいろな行事をするのですが、特に明日僧院に入るという前夜には、お寺から僧侶が来て、頭を剃って白い衣を着せます。白い衣は、その人はもう家族の一員でもなければ人間でもない、社会的に存在しない存在になったことを意味しています。そしてその当人を真ん中にして一晩中お祝いのパーティが開かれるのです。また次の朝には、その僧になる人を中心に、昔は馬車を仕立てた行列を作って、今はオープンカーなどでパレードをしながらお寺に行って、得度式を受けるのです。

私の場合は当日の朝世話をしてくれたバンコクの友人や知人と一緒に僧院に行って、僧院の中で頭を剃って白い衣を着、それから得度式を受けました。

得度式ではようやく覚えたお経のほかに途中でパーリ語の問答形式の部分があって、「おまえはけものか」などという質問に私が答えていかなければならないのですが、ずっと「いいえ」「いいえ」と答えていて、最後に「人間か」と聞かれたときだけ、「はい」と答えることになっています。そこで「いいえ」と答えたりすると人間ではなくなってしまうので、それ以上進めなくなります。あらかじめそこだけは注意をしろと言われましたが、その問答に合格して初めて黄衣を着せてもらえ、名前（僧名）をもらって、晴れて僧侶になれるのです。私はクッタチットー（よく護られた者という意味）という僧名を拝受いたしました。その瞬間、アオキ・タモツは消えたことになります。

そうなるともう本当の僧侶ですから、人々はさっきまで単なる外国人の青年であった私にも、ひざまずいて、合掌の礼をしてから接することになるのです。その点も、聖と俗の区別は徹底していました。

俗人から一度白衣に象徴される、存在しない存在になって、それから黄衣の僧侶になる。そのことが白と黄色の変化で区分けされているところがおもしろいと思います。

タイ社会では、得度式はいわば「成人式」に相当し、それ以前は「半人間」だったのが、得度式を受け僧になって修行をしてから還俗《げんぞく》をした後社会に戻ってくると「熟した人間」になるという言いかたをしたりもします。日本などですと、一度僧になった人が還俗すると落伍者のような負のイメージがありますが、タイ社会では違います。還俗すると以前より一段良くなった人間として、社会的にも尊敬を受けます。逆にいくら年をとっていても僧侶の経験がない人は、どこか半人間としてしか見られない面がありますから、社会的に辛くなるところもあります。少なくとも当人は何やら肩身のせまい思いをどこかで感じているようでもあります。チュラロンコン大学での私の指導教授も、若い頃アメリカに留学していて僧侶経験を経ずに結婚してしまい僧院に入ることができなかったのが残念だといって、僧坊に訪ねてきてくれるたびに定年になったら僧侶になると話していました。

「僧侶」になる意味

タイ人にとって、僧侶になるのは一つには仏教を知り、修行して徳を積むためです。仏教はまさにタイ文化の象徴であり価値の中心であるとともに、タイ社会の生活の細かい中にまで仏教的なものが組み込まれていますから、仏教を知り、理解することは異文化としてのタイ文化を理解する上で欠かせないことです。それを単なる宗教という視点からだけ見ると、半分も理解できないことになると思います。信仰は生活文化ともなっているからです。

僧になるのはまた、仏教上の徳(ブン)を積むためです。先ほども触れたように、タイ社会で得度式は多くの人が参加する社会的な行事ですが、それに参加するのもただお祝いするというだけでなく、ブンを積むためでもあります。人間がブンを積むための最大の方法とは、自ら僧侶になり、戒律を守る修行をすることなのです。とともに僧になる人間をさまざまな面で援助したりすることも大いなるブンを積む機会だと考えられているわけです。

そして僧侶になり、修行することが同時に、社会的にも尊敬される行為となります。今の国王が国民の大多数から尊敬を得ているのも、僧侶となり戒律を守ってブンを積んだ人、仏教の理解者、擁護者だからという側面があります。私が僧修行をした頃からみるとタイ社会の変化はまことに激しいのですが、だいぶ変わったとはいっても、仏教はタイの社会と文化の本質を表象するものであります。

そういうことも、実際に自分で僧になってみて初めてわかったことでした。たとえばタイ仏教ではブンを積むといいますが、それは、徳を積むことです。一般に、なぜ結婚前に僧になることが奨励されるかというと、それは結婚前に積んだ自分のブンはすべて自分の母親に行くが、結婚後に積んだブンは全部妻に行くと言われているからでした。つまり、結婚前の男子は自分の母親のためにブンを積むわけなのです。というのも、女性は僧侶になることができないので、完全なブンを積むことができません。息子はそういう母親の代りに僧になってブンを積むということになります。親孝行です。ほかの人の得度式にも何度か列席させてもらいましたが、最後に息子が黄衣に着替えて僧侶になると、お母さんたちは皆泣くのです。私はそれが自分の息子が僧院に入ってしまうので悲しくて泣くのかと思っていましたら、実は嬉し泣きだったのです。これも、自分が僧になることで理解した面があるわけです。

僧生活と戒律

さて、私が紹介されて入ったのはバンコクにある王立のお寺で、非常に戒律の厳しいところでした。

お寺と言い、戒律と言っても、日本で考えるものとはかなり異なっていますので、ここで少しタイ仏教についてお話をしておきたいと思います。

日本に伝わったのは大乗仏教ですが、それは大乗(マハーヤナ)の仏教です。マハーヤナというのは大きな乗り物という意味で、人々が救われる場合にそれだけ大きな乗り物を用意するということを示しています。大乗仏教は仏陀が亡くなった後、五〇〇年くらいたって整備され成立した仏教でした。

それに対してタイ仏教は日本で言う小乗仏教で、南方上座部仏教あるいはテラワーダ＝長老の仏教と呼ばれています。通常、マハーヤナに対して小乗仏教をヒナーヤナ(小さな乗り物の意)と日本などでは呼びますが、タイではそういう呼び方はせずに、テラワーダと呼んでいます。

テラワーダ仏教は仏陀が亡くなってから一〇〇年くらいで成立した直伝の仏教だと、タイの僧侶たちは非常に誇りを持って話します。この仏教は戒律仏教などとも言われているように、非常にたくさんの戒律があることを特徴にしています。今の戒律の数はタイ仏教の場合で二二七、同系統のミャンマーの仏教では五〇〇を超える戒律を守る僧院もあるとのことです。そして、たくさんの戒律を守ることが、僧侶の修行の非常に大きな部分を占めていました。

大乗仏教にも戒律はありますが、それはより重きが置かれる哲学とか教義に付随するものという位置関係にあります。それに対してテラワーダ仏教は、経典にある仏陀が言われたことを忠実に守ってみだりに仏典の解釈をしてはならないといわれ、修行に徹した厳しい教えを守る信仰なのです。そして、テラワーダ仏教では、僧侶はひたすら戒律を守って修行をしていく存在であります。

また、大乗仏教はインドの古典語であるサンスクリットで書かれた経典を中心に広められたのですが、テラワーダ仏教のほうはパーリ語という、仏陀が生きていた当時のインドの一地方語で語られ、口伝されてきた教えを中心に広まりました。パーリ語には文字がなく、仏陀の教えは全てその弟子、その後を継いだ僧たちが暗記して、後世に語り継いできたものだったからです。基本的に僧侶は、仏教の教えを守る〝語部《かたりべ》〟集団ともいうことができます。経典＝仏陀がお話しになった言葉を忠実に後世に伝えていくための専門集団です。

そのためパーリ語は聖なる言葉であって、僧侶だけが話したり使ったり読んだりできるものと位置づけられています。同じ理由から、一般の人は儀礼のときだけいくつかの限定されたパーリ語の言葉を唱えることができますが、むやみにパーリ語のお経をあげる必要はないとされています。聖なる言葉を俗人は勝手に使うことはできません。

なお、現在ではタイ仏教もいろいろな形で分派していますが、基本的にはタマユット派《ニカイ》という改革派と、マハー派《ニカイ》というどちらかと言えば伝統派の二派があります。

この二派の違いは教義解釈ではなく、戒律の解釈の違いにあります。僧侶が外を歩くときは裸足でなければならないか、それとも草履を履いてもいいかとか、僧侶は正午から次の日の朝まで食事は一切とれず、お茶とか薬以外は許されない、それに対してミルクもいいじゃないか、いやダメだとか、お金に直接触ってはいけない、いやいいはずだとかいう違いです。全てにおいてより厳しい解釈をするのがタマユット派で、私のお寺はその派のいわば総本山でした。ですから、タマユット派の僧侶は自分だけでは生活できず、何事も世俗のことはデクワットと呼ばれる少年たちの世話係がいて、どこかに出かけるときにはそのデクワットが必ずつき添っていって、僧が直接お金に触れるなどの戒律を破らぬよう世話をするのでした。

托鉢をしてみると

タイ仏教のタマユット派の僧院で、厳しく戒律を守る修行生活を送っていますと、いろいろなことがわかってきます。

早朝六時頃から七時ぐらいまでの約一時間は、町に托鉢に出るのですが、町を歩いていますと民家の前で僧に施しをするために食べ物を持って人々が待っていてくれるのです。そして黒い鉢にご飯といろいろなおかずを入れてくれます。だいたい一軒で三人分くらい用意していてくれるのですが、毎朝回っているうちに馴染みの家ができたりして、私が行くと物陰から走り出てきて施してくれたりすることもありました。小一時間も回ると鉢がいっぱいになり、それを持って僧院に帰ると、デクワットがおかずはおかず、ご飯はご飯と分けてひとつずつ僧に捧げてくれます。それを受けて、僧侶は、初めて食事ができるのです。この朝の托鉢で施されたものを僧侶は早朝とお昼前の二回、デクワットたちは三回に分けて食べるのですが、それでも余って夕方には捨てなければならないこともありました。僧坊の中では煮炊きはできず、食べ物を翌日まで置いておくことも戒律に触れることだったからです。

それにしても、バンコクのような現代都市で、人々が僧侶に対して三六五日毎日施しをすること、それも待っていてくれるほど施しに熱心であることには大変驚きました。タイ人の持っている仏教への思いとか僧侶に対する尊敬の念、それに社会全体が仏教を支えているという事実が、托鉢という行為を通して身にしみて感じられたのです。

托鉢に関してもう一つ興味深かったのは、指導僧から、施しを受けたとき、絶対に頭を下げてはいけない、礼を言ってはいけないと言われたことです。僧侶に施しをするのは俗人にとっては徳を積むことだ、僧侶は施しを得、俗人は徳を積む、お礼を言ったりしたらそれがいっぺんに崩れてしまうという考え方なのです。この考え方はタイ社会での仏教とか僧侶の位置づけを知るうえで非常に重要な点で、僧侶はただ仏教の修行者というだけでなく、「徳」と「施し」という、一種の交換関係の当事者として存在することを示すものでした。世俗に身をおく一般の人たちは施しという眼に見える物の形を聖なる世界の僧に捧げ、僧は徳という見えないものを一般人に与えます。僧と僧院と一般の人々と社会を含めた全体としてのタイ仏教もまた、そういう交換の原則を基礎としてタイ社会の中で成立しているように思えたのです。

はじめに行ないありき

もう一つわかったことは、言葉よりも実践という考え方です。

たとえば聖書には「はじめに言葉ありき」とあり、西洋社会においては言葉が非常に重要とされています。しかし、仏教のほうでは、「はじめに行ないありき」で、行ないとして示されなければそれは信仰にならないという考え方です。これは精神性を強調する大乗仏教より、戒律を守るという実践を強調するテラワーダ仏教のほうが、より強く典型的に持っている考え方と言っていいでしょう。先輩僧に教えを請おうとしても、「信仰は思想(言葉)などでくくり得るものではない、戒律を守れ、何か行ないを示せ」とか、「何か一つでも戒律を守れ、戒律を守れば言葉の意味がわかってくる」と言うだけで、それ以上説明しないテラワーダ仏教は、実際その中に身を置かないとなかなかわかりにくいのも事実です。

宗教には「書物(言葉)の宗教」と「実践の宗教」とがあり、それが西洋の宗教と東洋の宗教の違いだという考え方があります。確かに、聖書という書物の中に一切が込められた宗教はだいたい西洋の宗教ですし、イスラームにも『コーラン』という聖典がありますが、ユダヤ教も含めてこの三つの宗教には親縁関係があります。しかし、タイなどのテラワーダ仏教にしても中国から日本に広まった大乗仏教にしても、インドのヒンズー教にしても東洋の宗教は一切が一つの書物にこめられたという形での書物はない宗教です。教典の種類はたくさんありますが、これが仏教の全てだという一冊の書物はありません。そして、これを読めば済むという一冊がないことが、テラワーダ仏教だけでなく、行ないが大事、実践が大事という仏教信仰全体に共通する考え方を、わかりにくくしていることも事実でしょう。もっとも、「書物の宗教」と「実践の宗教」をもって西洋と東洋の宗教の違いと分けるのは今日では難しいでしょう。また東南アジアのインドネシアやマレーシアはイスラームが中心の宗教で、人口的には世界最大のイスラーム地域となっております。キリスト教もフィリピンでは中心的な宗教ですし、アジア各地にもキリスト教徒はいます。もちろん、アメリカやヨーロッパにも仏教徒は存在しています。

そこでタイ仏教の僧となって、ともかく僧修行を行なってみると、はじめに行ないありきということが、それ以前よりかなり納得できる形でわかった気がしました。つまりこういうことなのではないかと考えたのです。

仏陀はいくつもの段階を経て悟りを開くに至ったわけですが、そのそれぞれの段階について仏陀が言われたことは、我々もまたその同じ段階に到達していなければ、本当にはわかるわけがない。だから仏陀が言われたこと（お経）を言葉として理解しようとするのは困難で、とりあえずお経を覚え、戒律を守り、托鉢に出ているうちに内面が浄化される。修行者は経典の言葉がわかるような段階に達することを目的にすべきである。それぞれの段階に達しさえすれば、仏陀の言葉の意味はその段階に応じて自ずとわかってくるはずだ。

僧院で私に課せられた毎日の修行とは、まず戒律を実践し、お経を覚え、托鉢に出ることでした。そうした行ないを積んでいくうちに教えの内容がわかってくるとするところこそ、タイ仏教あるいはテラワーダ仏教が、戒律仏教あるいは実践宗教と言われる所以なのです。

現代人はどちらかというと言葉先行で、情報とマス・メディア中心的な社会になっているということもあり、まず言葉で納得しようとします。テラワーダ仏教のあり方はまったく逆でした。私などもそれまで言葉過剰の世界に生きていたわけで、心が開かれる思いがしたものです。では仏教の理解がどれだけ出来たかとなると、それはほんの入口ぐらいのことではなかったかと思います。

修行を終えて

タイ仏教の僧侶になったことで、見えてきたこと、わかったことは、ほかにもまだいろいろとあります。同じ年のパンサーに入った一時僧の人たちは七〇人ぐらいいたのですが、その中には王族の一員から警察署長といった各界のエリート層、タイの知識層に属する人もいて、外国人には容易にうかがい知ることができないタイ社会のいろいろな人間関係を見ることができました。当時、一九七二年の秋、やがて大問題に発展する反日運動について、表面化するかなり以前に情報が入ってきたりすることもありました。普通なら一般の人々が平身低頭しつつお会いする国王がいらしたときには、立ったまま国王を直視して言葉を交わすという、僧侶でなければできない経験もしました。

一方、中国系タイ人の一時僧と話したり、法事のような機会にほかの僧とともにその人の家に呼ばれて読経をし、ごちそうを振る舞われたりという経験からは、移民後すでに二世、三世にはなっている中国系タイ人の、タイ社会とタイ文化への同化のありようがうかがえました。

また、僧を世話するデクワットの中には、地方の貧困層出身の人たちが多く、タイ地方社会や家族のことについてのたくさんの話を聞くことができました。彼らはまず自分の近くのお寺の僧侶を頼って僧院に入り、そこで読み書きを覚え、デクワットとして僧侶を助けながら学校生活を送り、ついにバンコクまで来て大学に入って、大学を出たら就職をするのです。僧院は、貧しい層の人々にとって、勉強したいとか立身したいという願いをかなえる社会的ルートの一つとしても使われているわけです。さらに、少年期から青年期にかけての難しい時期に親が一夏お寺に息子を預けて見習い僧の修行をさせる例もありました。これはなかなか実のあることだと私には感じられました。

ですから僧院は、タイ仏教への理解を深めるだけでなく、タイ社会を理解する場でもありました。異文化を理解するのは簡単なことではないですが、どの社会や文化でもある種の急所というのがあります。その社会のエッセンス、文化のエッセンスが得られるという急所さえつかむことができれば、その作業はかなり容易になります。タイで言えば、その急所はタイ仏教あるいはその僧院にありました。それが、結局一九七三年の一月まで六ヵ月間に及んだ私の修行生活を終えての実感でした。

二二七もの戒律を守る修行は辛いといえば辛いものでしたが、それがなければタイ仏教も、タイ仏教が要となっているタイの社会も私は理解することができなかったと思います。タイの社会においては僧になることが非常に人間らしい振舞いであって、自分の存在を誇りに思えると同時に、異文化とその社会に参入したという気持ちにさせてくれる貴重な契機ともなりました。そこはまことに人間的で落ち着いた生活の味わえる世界でもあったのです。その結果、修行を了《お》えて社会に出てくると私にはもはや黄衣の僧や黄色に輝く寺院を、違った世界と見ることはなくなっているのに気づくのでした。それはまさに人間の世界そのものでした。私の修行の一部始終は『タイの僧院にて』という本にまとめてあります。

2　境界の時間

境界という概念

前章では私のタイ仏教体験について述べましたが、この章では異文化の理解を少し別の形でとらえてみましょう。

異文化を理解しようとするとき、その「時間」とか「空間」について考えることが重要な手がかりを与えてくれます。

それはひとつには、私たちがそれまで身近に親しんできた文化とは違う空間を隔てた、地理的にも異なる場所にある文化を第一義的に異文化と感じるからです。そのため地理的な探険とか旅行が、異文化に出会う大きな契機になってきたのですが、実は時間についても、同じようなことが言えます。たとえば、何年も国外に滞在した後で帰国すると、慣れ親しんでいたはずの自分の文化も異文化になってしまっていたりします。また、自分が今生きている文化から同じ文化の伝統の中にあるとはいっても時間的に遡ったところにある過去の文化は、現在とは違う形で存在した文化ですから、現代人にとっては異質な文化と感じられることも多いのです。空間的な異文化、時間的な異文化というものがあるわけです。

さて、異文化の時間と空間について考えるときに重要なのは、「境界」という概念です。

私自身のタイ仏教の僧としての修行体験をお話ししましたが、その体験はいわば私が研究者あるいは生活者としての日常の時間をいったん遮断して、六ヵ月間を僧院という異世界の中にこもって過ごす、というものでした。その六ヵ月間の私は、人間であるという意味では以前と変わらぬまま過ごしたのですが、しかし社会的、文化的存在としてはまったく違いました。僧である私は僧になる以前の私と同じではありませんでしたし、俗人に戻った私は僧の私とは違っていました。タイの僧院で私は、日常的な世界とは違う、非日常の世界に移って生活していたのです。

特に違っていたのは、そこに流れる時間でした。日常的な時間というのはバンコクであれ、東京であれ、サンフランシスコであれ、常に一瞬もとぎれることなく進んでゆき、仕事や家庭に結びついている時間です。しかし、タイの僧院で過ごす時間は、仏教の時間であり、僧集団の時間であり、修行の時間でありました。そして俗世、つまり日常の時間の中に還ってくると、僧院にいた六ヵ月間は日常的時間と完全に遮断された、入る前の日常の時間と出てからの日常の時間に移るまでの境界にある、狭間の時間だったと気づいたのです。もちろん、僧院では時間と空間は結びついており、どちらも日常の時間と空間とは区別されたものでした。

どのような社会にも「通過儀礼」が存在します。通過儀礼とは、たとえば子どもから大人になる時、結婚して夫婦になるとき、あるいは卒業して社会人になるときなど、人生の節目節目に行われる儀式のことです。その儀式を無事通過すると、その人は社会の中で「次の段階」に進んだと認知されるわけですが、ではその儀式を行なっている間の時間は何かというと、個人としては連続していても社会的には一種の空白の時間なのです。文化人類学ではそれを「境界の時間」と呼んでいます。たとえば子どもから大人になる通過儀礼で言うと、その儀礼を受けている当事者たちはその間、子どもでも大人でもない存在として過ごさなければなりません。そこに流れる時間と過ごされる空間は、日常と日常の間の裂け目を形作る、独特の時間と空間なのです。

境界の時間と空間にいるとき、人はすでに以前の自分とは違った存在になっているのかもしれません。タイの僧院で、この意味での境界の時間と空間を過ごした私の場合は、名前もクッタチットーという僧名に変わって、それ以前の社会的日常とは違った聖に属する非日常の時間と空間を生きたのです。

私は、「タイ文化を理解する急所は仏教(僧院)である」とお話ししました。同じことを異文化一般に拡大して言うと、「異文化を理解する急所は境界の時間と空間である」ということになるでしょうか。異文化は、境界の時間と空間を生きることを通して、象徴的に理解される場合が多いのです。

違ったことを体験する

私が「境界の時間」ということを言いだしたのは、一つには今述べましたように、異文化の中に、私のタイでの僧侶体験のような日常の世界とは違う非日常の時間が存在し、異文化を理解するうえで、その非日常の時間を体験することの有効性を強調するためでした。しかし同時に、そういう境界の時間が実は生活の中にも設定できること、境界の時間を設けることによって自分の生活に生命を吹き込んだりまた逆に息抜きができること、そして多くの異文化では生活の中に設けられた「境界の時間」が機能していると言いたいためでもあります。

私は以前『境界の時間』という本も出しております。

そこでまず指摘したいことは、「異文化自体が境界的である」ということです。たとえば、私は職業上しばしば異文化の世界に入って行きますが、異文化の世界に入ってそこにいる間は、私にとってそれ自体が一種の境界の時間なのです。日本での日常の時間を抜け出してタイならタイの文化に入り、そしてまた日本文化の中に帰ってくるわけですから、その間の異文化の中で過ごす時間は、自分がいつも属している時間とはまた違った時間です。それは、別に「異文化研究のために」そこに行かなくても、留学に行くとか海外勤務、あるいは短期間の旅行や出張でも同じだと思います。いつもと違った時間、境界の時間は、異文化の中に身を置いていつもとは違った体験をすることによって得られるのです。

ただし、そのとき注意しなければならないのは、「違った体験」をするということです。外国に行っても、たとえば現地の日本人社会の中で日本と同じような生活をしていては、そういう経験をしたことにはあまりなりません。外国で暮らすとき、その中で日本人どうしだけで生活して、一人で異文化の中に入りこんで、異文化に自分をさらけ出すということをしないで過ごすならば、違った体験をしたとは言えません。そして、異文化理解もできないだろうと思います。常とは違った時間とか空間を意識して生活しないと、異文化は見えてこないのです。

異文化を理解することは自分の文化の殻から抜け出して別の文化の殻の中に入ることなのです。それは、「僧侶生活」のような特殊なものでなくても、仕事の上での駐在生活や留学などのごく一般的な形でいいのですが、その場所で外国の言葉を話したり風俗習慣を身につけようとしたりしながら、自分の生活を変えていくことで可能になります。そういう「体験」がなければ、外国に行っても、どこも同じだったというよくある感想で終わってしまい、異文化理解ができないのはもちろん、逆に自分の文化を理解することもなかなかできないことになると思います。異文化の中で自文化が感じられる、自文化をあらためて理解するという経験も重要です。これは何も大げさなことではありません。ほんのささいな経験からでも可能になるのです。

時間というもの

異文化を体験するとは、では本質的にはどういうことでしょうか？　それは、異質な時間と空間を体験することにほかなりません。

異文化の空間が違うのはいわば当たり前といえるかもしれませんが、時間が異質だと言うのは、別に「時差」のことを指しているわけではありません。時間の認識とか感覚に違う面があることを意味します。

たとえば、私たちがいま普通に認識している近代的な時間は、「時計の時間」ということができます。昨日から今日へ、今日から明日へ、限りなく直線的に前に前に進む時間で、限りがありませんし、引き返すこともできません。その近代的な時間を生きる私たちの生活も仕事も、引き返すことが出来ない、前進するしかしようがない時間の中にあるわけです。

しかし、古代ギリシアや古代インドでは、明らかに時間は違った流れ方をしていました。古代ギリシアでは、時間は振り子のように行っては戻るもので、繰り返すものと考えられていました。また、古代インドの時間は円環的にぐるりと回ってくるものでした。この二つの時間の考え方からは、時間が繰り返すものであるために、何らかの意味で人生にも繰り返しがきく、引き返せるという感じ方が芽生え、それが古代ギリシアや古代インドの文化に穏やかさとか悠久のイメージを与えているように思います。

時間が繰り返すという考え方は同時に、必ず始まりと終わりがある、とりわけ「時間が一度終わってしまう」という発想を芽生えさせます。この発想はキリスト教の「最後の審判」を預言する終末論に典型的な形で出てきています。仏教でも、五六億七〇〇〇万年という時間が過ぎると登場してきて救済をする未来仏、弥勒菩薩について語られていますが、それはやはり終末論と言っていいでしょう。

古代ギリシアや古代インドの時間認識は、実は近代的な時間認識の中にも存在しないわけではありません。

現在、暦では確かに多くの国で西暦が採用されていますが、タイなどの仏教国では仏陀が亡くなってからの年月(仏暦)でも数えていますから、二〇世紀末といった数え方とは違う時間認識があるわけです。また日本にも皇紀何千年という言い方がかつてはあり、いまでも使われている元号は、明治以降は時間を天皇の在位期間で区切る考え方です。天皇が亡くなると日本の時間は一応そこでとぎれて、次の天皇が即位するとまた新しい時間が生まれてくる。いわば、天皇の生命と時間の持続とが重ねられているわけです。

王の身体がその国の時間を支配している元号のような考え方は、国家や社会の生命は王の生命と同義である「王の身体説」に基づくものですが、こうした考え方は現代世界でも比較的力を持っている考え方です。たとえばタイの王様が八〇年代初めに心臓病でかなり重態になられたことがあったのですが、その時タイの株価が下がりました。それは多くの人が王の病気でタイの国力が弱ると感じたということなのです。現代風に説明するなら、王がいるからタイ社会は安定している、王がいなくなったら社会は混乱しタイ経済が危なくなる(したがって株価は下がる）ことなのですが、いずれにせよ王の身体説はまだ力を持っていると見ることができるのです。日本でも昭和天皇の病気を国中で心配したことを鮮やかに思い出しますが、そこにはやはり「王の身体説」が働いていた面があると思います。王の身体の如何は国と国民の運営に重なるという考え方です。

ですから、現代の日本や経済発展したタイ社会の現在を見ると、これは近代社会であり人々は近代の時間を生きていると思いますが、日本にもタイにも近代的時間とは別のいわば象徴的な時間があり、二通りの時間が流れているとみなすことができると思います。日本とタイ以外の多くの文化でもそれを見出すことはできるでしょう。そして、近代的時間と違ったもうひとつの時間認識を生み出したものこそがその地域や社会固有の文化なのですから、その文化の時間を知ることが、異文化理解のうえでも非常に重要なことになるわけです。

夕刻という境界の時間に

異文化を体験し、そこで時間がさまざまに流れている、日本の日常生活とは時間の流れ方が違っていると気づくことは、異文化理解のためだけでなく、私たちが自分の人生を生きていくうえでも非常に重要なことのように思います。

たとえば場所が違えば社会的な時間のありようからして違います。昔はよく「タイ時間」などと言って、約束した時間に二時間は遅れていかないと何も始まらないとか言われたものでした。「ブラジル時間」とか「メキシコ時間」とか、同じような言い方が世界各地についてあったものです。タイ時間などは現在のタイのような経済発展の社会では徐々になくなりつつあると思われますが、香港に行ってもタイに行ってもスリランカに行っても、食事時間というごく基本的なものからしてそれぞれ日本とは違うことに気がつきます。そしてそれが各社会を実際に動かしているわけですから、時間が各文化の中でどうなっているのかを学ぶことが非常に重要になってくるのです。

しかし、ここで私自身が経験し、また貴重なことと感じる異文化における時間の流れ方の意味ということでお話ししておきたいのは、「夕刻」という時間についてです。一日の中で昼はおわったがまだ夜にはならない夕刻という、狭間であり一種の境界である時間は、仕事と憩いの、公と私の境目の時間に当たります。よくホテルでは、ラウンジでピアノが流れる「ハッピー・アワーズ」とか「カクテルの時間」を設けていますが、夕刻を過ごすのにちょっとした儀式があって、その時間を上手く間をもたせて夕食につなげる工夫をしています。

それは伝統的な社会でも同じで、タイやスリランカでは、夕方には多くの人々は仕事を終えて、夕食が始まる前にお寺に行き、お花とか水を捧げます。スリランカの仏教徒の間ではそれを「ギランパサ(夕方の水かけ儀式)」と言い、サリーに身をつつんだご婦人たちを中心に、男性、老人、子どもたちが手に手に水差しと花を持って集まり、僧による読経を少し聞いた後、「サートゥ」と唱えつつ合唱しながら、菩提樹や仏塔に花を捧げ、水を振りかけるのです。スリランカの仏教徒は、この小一時間ほどの夕べの儀式を終えて初めて、「ビジネス・アワー」とは違った、私的な夜の時間を迎えていました。私もコロンボにいるときは、よくこの時刻にお寺に出かけギランパサに参列しました。それはまことに充実した夕刻のひとときと感じられました。

日常と境界

日本からアジアのさまざまな社会に行って、人々がそういう夕べの儀式を行なっているのに接すると、私自身何かほっとするものを感じます。

私たちの現代日本社会は、のべつまくなしに日常の仕事の時間が全体を覆っており、朝起きてから夜寝るまで、「境界の時間」がどこにも設定されていません。人生という視点から見ても、たとえば成人式などの意義はなくなっています。「成人の日」はありますが「境界の時間」を過ごす日ではもはやありません。結局、現代の直接的な時間に裂け目を作る装置がないために、日本社会はゆとりのない、緊張ずくめの社会になってしまっているとも感じられるのです。だからスリランカに行ってギランパサを見たり、夕刻の紅茶の時間を過ごしたりすると、ほっと充実した気持ちになるのです。

日本でも近代以前には生活の中に「境界の時間」にあたるものが組み込まれていたのですが、近代化と都市化のプロセスの中でほとんど失われてしまいました。今では異文化に接することによって、その中に自文化にないものを見つけていくしかなくなっているわけです。

異文化を理解することの意義は、ひとつには自分たちにないものをその中に発見して、それが自文化ではどうしてなくなったんだろうとあらためて考えさせずにおかないところにもあるように思えます。これは異文化が単にもの珍しい存在というだけではなく、自文化を見直す機会としてもあるということです。また、私たちの時間は、近代的な時間に支配されてしまっているのですが、異文化に接することによって違う時間があることを発見することができます。違う時間に接することで、事物を視る眼が硬直せず、緊張しきった心が穏やかになり、豊かになるはずです。あるいは自分たちが生きる意味も、異文化と出会い、自文化を捉え直す作業の中で見出されるのではないでしょうか。

3　儀礼の意味

手がかりとしての儀礼

異文化を理解するためには手がかりが必要です。そのひとつが、儀礼や儀式、そして祭などです。

どの社会にも儀式や儀礼、祭があります。宗教的な祭や、収穫を喜び合う収穫祭、そして人生の節目を画する通過儀礼もありますし、国家的な儀礼もたくさんあります。

自分が知らない異文化の社会に入る場合、その文化を理解するためには、先に触れたようにまずその社会の儀式や主要な祭を調査しろと文化人類学の学生のときよく教えられましたが、儀礼にはいろいろな形があって、ここには文化的な趣向や表現が非常に豊かに表されているからでもあります。祭ひとつとっても、それぞれにその社会が過ごしてきた歴史とか、その文化の象徴的なものが込められているのです。

具体的な話に進む前に、ここで言葉の使い方について整理しておきたいと思います。すなわち、いろいろな呼び方がありますが、儀礼というときには、あいさつなど日常的なものや、結婚式、葬式など社会的なもの、さらに宗教的な儀礼なども含みます。言い換えれば世俗的なものから宗教的なものまで広く含む用語として用います。「儀礼」とはこの世俗的なものと宗教的なもの、この両方を指します。儀式という言葉は、儀礼の中でより社会的な「式」形式を意味するように用いたいと思います。日本語では現在明確にこの二つが区別されえません。ただ儀礼という言葉をより大きな枠として用いたいとここでは私は主張しておきます。

儀礼から見えてくるもの

社会関係は、結婚式や葬式などのいわゆる冠婚葬祭には端的に表現されます。そうした儀式では、その人の親族をはじめ、その人の人間関係や、その家の人たちの社会的つながりの範囲などを、読みとることができます。

現代日本でも、葬式に行けば、亡くなった方には意外な親戚がいたり、意外な知人がいたりすることがわかって驚くような場合があります。もちろん、その方の社会的な地位や立場も大きく反映される場となっています。

また、葬式の形式では、その社会の文化を表現する象徴的要素が見えてきます。たとえば、日本の社会では大部分が仏教で葬式をします。日ごろ仏教的なものが見えていなくても、お坊さんが来てお経を唱えたり、位牌を飾ったりといった一連の儀式を行うことで、多くの日本人の死者を弔う形式が仏教の儀礼によるものなのだということがわかります。神道でも葬式は行いますがあまり一般的ではありません。天皇家の葬式は神道形式です。キリスト教の信者はキリスト教の形式に則って教会で行います。カトリックとプロテスタントの違いも儀式には端的に反映されます。神道やキリスト教で葬式を行う家があればそれはそれでその人のことがわかってきます。もちろん、仏教でも、何宗か何派ということも葬式には出てきます。戒名のつけ方も宗派によって異なります。他のいわゆる新宗教でも行いますが、こういうことは、その人の生前の社会関係を知る上で重要なことですし、その人の生活や精神、思想や生き方も何程か語っていることなのです。儀礼を見ることが異文化理解の手がかりになるのです。

また、ある社会にはその儀礼はあるけれども、別の社会にはないという比較もできます。たとえば、成人式を考えてみると、現在の日本ではすっかり形骸化していますが、ユダヤ教ではバーミツバーという成人の儀式があって、ユダヤ教の人ならいまでもその儀式を行なっています。イスラーム教でも割礼の儀式があって、私もトルコのイスタンブールでよく見たのですが、割礼の儀礼を受ける少年は独特の衣装を着て儀礼の場にのぞむので、すぐわかります。そして親戚などが集まって、無事成人するために、みんなで祝福をするのです。割礼は場合によっては大変危険な儀礼ともなりますが。

儀礼は文化とその社会を知るための観測場のひとつであり、いわば異文化の核がそこには見てとれる場合が多いのです。

儀礼からは、その社会の社会関係が見えてくると申し上げましたが、もうひとつ、歴史というものもそこには表れてきます。

京都の祇園祭を見ていますと、そこには歴史が再現されていますし、東京の江戸三大祭なども、江戸の歴史の姿が浮かんできます。

また、一九九三年に行われた日本の皇太子の結婚式では、まず前半では平安時代の衣服を再現させるとともに、神道の伝統に則って行われましたが、後半ではタキシードに着替えての祝賀パーティが行われ、西欧的な文化と日本伝来の文化とが結び合わされてひとつの儀礼を形成しています。

このように儀礼を見ていると、社会関係や歴史なども含めたその文化のあり様が、また文化の混成化の状態までがはっきりと見てとれるのです。儀礼が象徴するものは異文化理解への鍵であるというのはこの意味です。

儀礼という手がかり

では、儀礼はなぜ行われるのでしょうか。これを考えていくと儀礼の意義というものが明らかになると思います。

単にその表現とか、社会関係を示すというだけでなく、どうしてこのような儀礼が必要なのかと考えると、その社会の文化の統合性を維持するためであったり、集団の統合を強化するためであったりするのです。

たとえば、日本の企業には入社式があります。新入社員が一ヵ所に集められて、特別の研修期間が持たれるところが多いと思います。彼らは先輩から、学生時代とは違う社会人になるためのいろいろな知識を得て、そして一人前になる。研修期間中に行われることの多くは、それこそ寺にこもるといった例も含め、自分のその後の仕事と直接あまり関係のないことが多いといわれていますが、この期間はまさに境界の時間といってよいでしょう。

一般に現代日本社会では、成人式は形骸化してしまいましたけれど、社会人になるための入社式、研修期間といった儀礼的装置を置く面では、伝統的な社会での成人式の通過儀礼と非常によく似ています。大学を出たといってもまだ社会人として認められるわけではなく、入社式と研修期間を済ますと初めて、社会的な大人として、正式の社員として、社会に認知されることになるわけです。伝統的な形での成人式は、廃れる傾向にあっても、必ずどこかに、同じような意味を持つ儀礼が新しく生まれてくるものなのでしょう。異文化として日本文化を見るときに、企業の行う入社式などは非常に重要な理解の手がかりになることがあるのです。もっとも、こうした、企業の「成人式」的な行事は、八〇年代には大々的に行われたというものの、景気後退の現在では規模も小さくなったという指摘がありますが、全くしないという会社はまず無いといってよいかと思います。

もうひとつの異文化理解のための手がかりとしての儀式について、アメリカの例をあげたいと思います。アメリカでは日常的にパーティが多いことはご存じだと思います。普段の生活や仕事とは異なる形で、人々が一定の形で集まり飲食の楽しい時間を過ごす。これも儀式といえるでしょう。

なぜ彼らはパーティをやるのかというと、もちろん、いろいろな性格のパーティがあるわけですが、基本的にはお互いを知る、お互いが何者なのかを確かめるためです。そうしないと社会関係の安定が保たれないことが多いのです。

たとえば、日本人が近所に引っ越してきたとすると、以前から住んでいた隣人たちはまずパーティに招いて、何をしに来たかとか、何をしている人だとかを聞いて、それを互いに理解して安心するのです。また新しいところに移ったとき、近所の人たちを自分の家に招くことは、大変重要な社会的儀式になります。アメリカでは「オープン・ハウス」といって必ず行われるパーティであり、儀式なのです。そこで家を公開し、家族も紹介することになりますから、新しい住人の仕事やその人の生活も周囲の人たちにもわかり、みんなが安心するのです。

また、アメリカの大統領選挙。ここにもアメリカの文化と社会を理解する手がかりはあるでしょう。特に党大会では、著名な支持者が出てきたり、アメリカ国旗を装飾に使ったりして、完全な祝祭ムードをつくりだし、全社会を巻き込んで、大統領選挙というアメリカの祝祭を演出してみせます。そこには政治経済的な利害関係から、地域的対立や、民族問題にいたるまでの問題が全部といってよいほど出てきますから、アメリカを理解するためのいい機会だと思います。

実際にそうした儀礼の意義を理解することはなかなか難しいのですが、異文化の社会に住み、仕事をする場合には、なるべくその社会の祭や儀式などを見る機会をはずさないでおくと、人々とのつきあい方やその社会を理解する上で役に立つはずです。

祝祭の位置

儀礼の中にはいわゆる祝祭も大きな位置を占めています。祝祭的なものから何が見えてくるのでしょうか。

メキシコのノーベル文学賞受賞の詩人である故オクタビオ・パスが、『孤独の迷路』という本の中でメキシコの祝祭「フィエスタ」についてこんなことを言っています。

「われわれのカレンダーはお祭りで犇《ひし》めいている。大都市、僻地を問わず、グワダルペの聖母またはサラゴサ将軍を称えて、国中の人が大声を出し、食べ、酔っ払い、果ては人をあやめたりする日がある」。パスはまた「貧しいメキシコ人の場合、その困窮を償ってくれる年に二、三度のフィエスタなしに、どうして生きてゆけるのだろう。お祭りごとは、われわれの唯一の贅沢である」といい、さらにこうしたフィエスタが現代のメキシコ人にもたらすものは「神話的な過去または現在と化した別な時間であり、お祭りの場となる空間(一般に、特別な、または人が余り行かない場が選ばれる)は、美しく飾られた独自の世界と化し、また、それをとり行なう人物は、人間としての、または社会的な階級を捨て、僅かの期間ではあるが生きた象徴と化す」「フィエスタを通じて社会はみずからその深交を結び、その構成員はすべてその原初の混沌と自由に立ち戻る。従来の社会構造が破壊され、新しい形の関係、予期しなかった規則、気まぐれによる階級がつくられる。全体的な無秩序の中で、各自は自己を忘れ、普通なら禁じられている地位や場所に足を踏み入れる。観客と俳優、役人と給仕との境界線が消えてしまう。すべての人がフィエスタに加わり、その竜巻の中に溶け込む。その雰囲気、性格、意味がどのようなものであれ、フィエスタは参加である」(吉田秀太郎訳)と述べています。フィエスタというメキシコの祝祭は何よりも社会的行為だとも指摘しています。

要するに、祝祭という時間においては、日常の秩序を一旦停止して、無秩序が出現し、役割分担が転換して、今までの地位を反転するということもその中で起ります。「踊るアホウに見るアホウ」という徳島の阿波踊りもそうでしょう。貧富の差とか、階級の差が現実にはあっても、祭の時は一時的にそれがはずされて、人間として自由になって、予期せぬことが起るということを、パスはメキシコのフィエスタについて書いています。

祝祭から何が見えるかということで、先に触れました拙著『境界の時間』の中に詳しく述べた論文がありますが、スリランカの二つの祝祭を紹介しましょう。

スリランカの二つの祭

スリランカのコロンボから車で三時間くらいの所にキャンディという内陸の町があります。キャンディはかつての王都で、ここではペラヘラ(行列)祭が行われます。八月の満月の日を境に一週間続きます。

キャンディの中心にはダリガ・マリガウというスリランカを代表する仏教寺院があって、この寺は仏様の歯が祀られているといわれ、仏歯寺と呼ばれています。ペラヘラ祭では、その仏歯が寺から出て、お寺の近くにある守護の神々の聖所を行列をつくって訪ねる行事が行われます。

この祭を二回ほど見ましたが、一週間ほど続く祭の最後の夜に、仏歯寺の前からメインストリートを象の行列によるパレードがあり、数十頭の象がイルミネーションで飾られて、そのまわりを楽隊が取り巻き、ドラムと笛が盛大に鳴らされます。行列をする人々は、かつてのキャンディ王国時代の衣装を着て行進するのですが、そこでは、スリランカの植民地以前の王国の姿が蘇ります。三〇頭から四〇頭の象の行列全体が、イギリスに滅ぼされたキャンディ王国のかつての有様を再現するのです。

ペラヘラ祭は仏教の行事であると同時に、かつての王国の行事でした。キャンディ王国は失われた王国ではあるけれども、それが現代国家スリランカの象徴であるということを、国を挙げての行事として行うこのペラヘラ祭が再現するわけです。それは、スリランカの仏教徒にとって、過去の聖なる歴史を再現することによって、現在の国家の統合性を確認し、過去の栄光と現在とのつながりをより確かなものとすることになります。大統領をはじめ、政府高官も必ず出席してこの行列を観ることには、そうした政治的意味もこめられているのです。

スリランカにはもうひとつ、カタラガマ祭という祭があります。カタラガマはコロンボから東の方、車で六時間程のドライゾーンにあるヒンズー教の巡礼地です。

カタラガマとは勝利の神の名前で、もともとはヒンズー教の神様なのですが、いまや仏教の神格にもなっていて、スリランカの仏教のお寺に行きますと、本堂には大きな仏様が鎮座していますが、その外側には本来ヒンズー教の神々であるカタラガマ神やビシュヌ神などが、仏教を守る神として祀ってあります。人々は仏陀を拝み、その後カタラガマ神やビシュヌ神に祈るのです。

聖地カタラガマにはヒンズー教の寺院があり、その背後にいまでは仏教寺院も建てられていますが、八月の祭のときには、全国から人々が巡礼に来ます。それはヒンズー教の祭で、タミル系のヒンズー教徒が中心なのですが、仏教徒も同じようにお参りに行きます。火渡りの儀式なども行われていて、インド的な神様とスリランカの土着の神様との結びつきがここには表れているといわれます。スリランカではシンハラ系の仏教徒とタミル系のヒンズー教徒の間で民族抗争が絶えず、国を分断するような悲惨な状態にありますが、カタラガマでは両者ともにお参りをしています。

それは二つの民族の本来のあり方を象徴するかのようであります。ここでは国家は、儀礼に介入せず、まったく民衆の間の祭として行われます。ペラヘラ祭がキャンディ王国と仏教というこの国の多数派民族であるシンハラ系人の国家行事ともなっているのと対照をなす祭といえるでしょう。カタラガマの祝祭は「和解」の祭とも一面いわれていることが納得できる気がします。

このように祝祭には、歴史や社会のあり方、異文化間の象徴的結びつきなどが見てとれるのです。

儀礼は文化を象徴するものですから、その意味をただちに理解するのは難しいことです。

ただ、儀礼を見て、その儀礼を理解しようとしていくと、その社会のある構造が見えてくるのです。祭ひとつとっても、そこに現代のその国の置かれた状況や歴史が表現されています。その意味で異文化を解く一つの鍵として儀礼を知ることは重要なのです。私はこうした儀礼の意味について『儀礼の象徴性』という本を書いております。より詳しくはこの本に当ってみて下さい。

Ⅲ　異文化の警告

映画は異文化へのまなざしを映している．写真右は『インドへの道』(本文 88・89 頁参照)，左は『王様と私』(94 頁)より．
(写真協力・川喜多記念映画文化財団)

1　異文化に対する偏見と先入観

『インドへの道』

『インドへの道』（一九八四年）という映画を御覧になったことがあるでしょうか。イギリスの文学者E・M・フォースターの有名な小説をいまは亡きイギリスの巨匠デヴィッド・リーン監督が映画化した作品です。イギリスの若い女性が、行政官として赴任している婚約者と結婚するためにインドへ会いに行くという第一次世界大戦後の物語です。彼女はインドのいろいろな風物に出会ってカルチャー・ショックを受けます。とくに古代遺跡に浮彫された性的なイメージに衝撃を受けます。それが一種のトラウマになってゆきます。

彼女はイギリスに留学したことのあるインド人医師と出会います。彼には近代国家イギリスというものに対して強い憧れがあって、イギリス人と接触したいと思っている。そして彼女が医師と一緒に名勝地の洞窟に入ると、その洞窟は音が反響するので非常に有名なところですが、洞窟の中で反響する音を聴いているうちに、医師に襲われるような錯覚を起こして逃げ出してしまいます。

カルチャー・ショックの中での被害妄想なのですが、彼女はそれを訴えて、裁判になります。ところが医師とインド人の弁護側と告発するイギリス人の検察側との対立の中で、彼女がわれに返って、彼には何もされていないと訴えをくつがえすのです。結局、その告訴は完全に崩れて、逆に無罪のインド人をおとしめようとした裁判を勝ち抜いた人物として医師は反英闘争の英雄のようにインドの民衆から敬われます。ここにはささいな個人的な問題が国際問題となり、英植民地からの独立運動を加速させるという歴史と個人のかかわり合い方という興味深い問題も提起されていると思います。

イギリス人とインド人は接触はしたけれども、互いに東は東、西は西で理解し合えないという見方は当時は一層強く支配していたわけですが、映画の初めの方にも夜行列車に乗ったイギリスの植民地高官の夫人が、そう語る場面が出て来ます。西洋と東洋が接触する、けれども互いに理解できないということを象徴する物語でもあります。と同時に、植民者のイギリス人の中にもインドとインド人を深く理解しようとする人物も出て来ます。映画の終わりは、両者の間にも和解のありうることを示して、異文化理解の上で希望がもてる結末になっていました。

この映画が示すことは異文化理解というものの複雑さでもあります。文化と文化、それを担う人間の接触は、純粋に客観的に行われることは決してありません。常に文化と文化、人間と人間のおかれた歴史的な状況、権力関係、社会的な位置の問題、見る立場と見られる立場などが入り組んだ形で人々の異文化理解に影響をあたえずにはいないのです。そうした複雑な状況の中で異文化理解をとらえるときには、理解の仕方は一方的な方向でなく双方向で見なくてはなりません。

しかし、この近代という時代にあっては、不幸なことに異文化理解は植民地状況や国際政治の権力関係、個人のおかれた地位関係などによって、絶えず一方的な先入観や偏見に左右されてきました。

いま新しい世紀のグローバル化の時代を迎えて、こうした不幸な偏見や先入観の問題を異文化理解にともなう警告として、あらためて考えてみたいと思います。

偏見としてのオリエンタリズム

オリエントといえば東洋のことで、オクシデントといえば西欧のことと思うかもしれません。またオリエントというと、日本では中東地域のことを指すのが一般でしょうか。オリエント学会といえば、中東の古い文明や文化の研究をする学会のことです。しかし、ここでいま私が取り上げるオリエンタリズムとは、必ずしもこうした意味のことではありません。

一九七八年に、アメリカのコロンビア大学教授エドワード・サイードが『オリエンタリズム』という本を書きました。サイードはパレスチナ人で、エジプトなどで教育を受けた後アメリカに行き、ハーバード大学やプリンストン大学で学位をとり、アメリカの大学で比較文学の教授として成功し、非常に大きな声望を得ています。

彼の『オリエンタリズム』が発刊されて以来、オリエント主義、つまりオリエンタリズムという言葉は、現代を解くための一種のキーワードになりました。

というのも、その本は、西欧を中心とした世界が、オリエントすなわち、中東地域をどう見てきたか、特に近代における西ヨーロッパが中東地域をどう見てきたかということを分析したものですが、その中でサイードは、中東に対する偏見や誤解を植えつける以外のなにものでもなかったと言っているのです。

つまり、西欧人がいろいろな形で中東に対して関心を持ったけれど、それは中東の現実とは違って、西欧人が勝手に決めつけたものでしかない。たとえば『アラビアン・ナイト』などに代表されるような世界が、西欧では好奇心の対象にされてしまうとか、オリエントに対する植民地的な関心があるがゆえに、オリエントを従属的に描くとか、また、極端に性的なイメージで描くといったことがあります。フローベールなど西欧の有名な文学者の作品の中でも、こうしたことが誇張されたオリエントとして描かれ、実際のオリエントとはまったく違ったイメージがそこに吹き込まれ、西欧人の表象の中で勝手に動き、増大してしまったというのです。

サイードは、こうした西欧におけるオリエントに対するさまざまな言語を分析して、それを西欧から見たオリエントに対する偏見として位置づけました。

その偏見は西欧がオリエントを植民地的な従属状態においておくために、オリエントの現実とは関係なくそれにかぶせたイメージ、言説である、とサイードは言っています。言説というのは一つの権力にもなりますから、それが一人歩きして、現在のアメリカなどのアラブ政策にもそれが現れているのだとも書いています。

基本的にサイードは、中東地域に対する西欧の言説に表れた偏見とか、現実無視の侮蔑的な表現とか、異文化としてのオリエントの捉え方に見られる偏向を、政治、経済的な利害関係も含めて分析しているわけです。

アメリカでイスラームに関する報道がいかにゆがめられているかということを分析した著作『イスラム報道』も彼は書いていますが、いずれにしても、イスラームというのは、原理主義とか、テロリズムとか、そういう否定的な要素だけでしか捉えられていない。それは西欧世界に対する敵としての位置づけともいえます。現在でも、たとえばトルコはEU（欧州連合）入りを望んでいますが、候補国としては認められたものの実際にはEUになかなか入れないというのもイスラームだからだとか、公然と西欧の人は言わないけれども、イスラームに対する偏見があるから一緒に扱わないのだと言うトルコ人は少なくありません。それはある程度あたっているかもしれません。隣国のギリシアはすでにEUに加入しています。

七八年にこの『オリエンタリズム』が出てからというもの、オリエンタリズムという言葉は、オリエント地域、中東地域に対する蔑《さげす》みや偏見を示す言葉にもなりました。またオリエントという言葉を使うのは一種のタブーになって、四〜五年に一回開催される伝統ある国際学会「世界オリエント学会」というのがあったのですが、それが「アジア及び北アフリカ学会」と名称を変えてしまいました。そのくらいインパクトがあったのです。オリエンタリズムという言葉は、トマス・クーンの「パラダイム」という言葉と同じような効果と学問的文化的な常用語化をもたらしたといってもよいかと思います。

オリエンタリズム的アプローチは、たとえば映画やオペラなど一連の作品にも見ることができます。

たとえば、『王様と私』(一九五六年)というハリウッドの有名なミュージカル映画は、タイのラーマ四世モンクート王と、王家の家庭教師として雇われたイギリス人女性との交流の物語で、イギリス人女性の書いた『アンナとシャム王』という見聞録がもとになっています。チュラロンコン大王というのは、タイの近代化の基礎を作った人で日本の明治天皇ともよく較べられる名君ですが、モンクート王はそのお父さんで、映画の最後に少年であったチュラロンコン王子に王が話をする場面もありました。この映画では、タイの王家の生活や儀式をいかにもアメリカ人や西欧人が喜び興味をいだきそうな形で描いてはいますが、美しいけれど音楽から何から全部エキゾチシズム的なオリエンタル趣味です。王とイギリス人女性との恋愛関係を示唆するようなところもあって、王をあまりに世俗的に描いたということで、実はタイでは上映されなかったくらいです。この映画のリメイクである『アンナと王様』という一九九九年のハリウッド映画も、タイでのロケは許されず、マレーシアでロケーションを行なったという話です。

それから『慕情』というイギリスの植民地香港を舞台にした、アメリカ人ジャーナリストと英中混血女性との恋愛映画も、香港のエキゾチシズムがふんだんに盛り込まれていました。長崎を舞台にしたオペラ『蝶々夫人』も、蝶々夫人はひたすら白人＝アメリカ人に貞節を尽くして裏切られて死んでしまうという話で、西欧人から見たら忠実な東洋女性のイメージにぴったりと合う調子のいい話です。中国古代に舞台を設定したプッチーニのオペラ『トゥーランドット』もまさにオリエント趣味のあふれた作品ですが、一九九八年秋にフィレンツェの歌劇団が紫禁城をステージにしてこのオペラを上演しました。それも北京の文化部の主催ということで中国政府の文化政策も大分変ったと評判になりました。もうつまらぬオリエント趣味にこだわるよりも発展する中国ではオペラ上演の方が大事だということでしょうか。欧・米でも日本でも『蝶々夫人』が繰り返し上演されていますが、そこに現れている異文化としての日本人と日本文化は、完全にオリエンタリズム的な見方で、日本人から見たら大いに異論があると観るたびに感じはしますが、音楽のすばらしさに圧倒されてしまって、そんなことにこだわることはないとも思うようになります。題材の是非はともかく音楽は国境を越えるということなのでしょうか。

日本人にとってのアジア文化

現在よく用いられる「オリエンタリズム」という言葉は、これまで述べたような経緯で出てきたわけですけれども、これをもう少し拡大してみると、この言葉は異文化に対する偏見というものの総称としても使えると私は思うのです。つまり、政治的、経済的、あるいは文化的に優位に立った社会や国が、異なると見なされる劣位にある文化や社会を見て、それを一種の蔑みの対象とするときに、異文化に対するオリエンタリズム的態度が現われるというふうに使えると思うのです。

その意味でいえば、近代日本におけるアジアの扱いは、極端にいえば実にオリエンタリズム的です。先にも指摘しましたが、日本から見てアジアとアジア文化がいかに劣ったものであるのかという見方は、現在でも依然として消えていません。

たとえば、近代の日本人にとって韓国文化は好奇心の対象にはなってもまともな異文化として理解の対象にはならなかったということがあります。逆に、これまで韓国は文化政策で日本の現代文化の流入を防いできたわけですが、これは被植民地の体験もあって、反日運動の一つの形として、行われている面もあるわけです。しかし、韓国人から見れば日本文化の多くの要素は朝鮮半島から渡っていったものではないのかという見方があるわけです。中国文化の影響下にあるとはいえ韓国の人たちは、たとえば儒教でも、中国よりも正統的な儒教を受け継いでいるという自負があると聞いたことがあります。自文化への誇りが高く、それが異文化に反映されます。そこには日韓の不幸な歴史が反映されているわけです。こういう面を日本人はなかなか理解しようとしません。

文化の相対化

アフリカは「暗黒大陸」といわれていました。ところが、アフリカのサバンナでは太陽は輝き、暗黒のイメージの反対です。それなのに「暗黒」ということは、完全にオリエンタリズム的な立場で見ているわけです。アフリカのことをいろいろと調べてみれば、すばらしい世界があるという人もたくさん出てくるし、自然もすばらしい、人間もなかなか立派な人がいて、独自の文化もある、ということがだんだんわかってくるのですが、やはり十把《じっぱ》一絡《ひとから》げで「暗黒」となるのです。

ヨーロッパ人が「暗黒」と言ったのは、彼らから見て、地図もできていないアフリカはヨーロッパ人にとって未知の世界だという意味なのであって、べつにアフリカが暗いといっているわけでもないのですが、「暗黒」と言われると、これは非常に劣った、人間の住めるところではない、というイメージになってしまうわけです。

異文化に対する無知と無理解の上に立って初めから自文化優位で、異文化を見下すような態度は、今日でも世界を覆う非常に強い傾向ではないでしょうか。憧れと軽蔑、理想化と侮蔑が同居しているというのが、異文化へのアプローチの複雑なところです。

オリエンタリズムは、とくに近代世界の中で、いろいろな形で現れてきました。近代化の達成という点では、達成の度合が非常に高いところと低いところというような差がはっきりと見られます。そこに差別や軽蔑を生む原因があるのです。

日本人はそうした「基準」をすぐ当てはめて異文化を見てしまう傾向をもっています。すぐさま「近代化」あるいは、経済活動の発展度といった度合でもって異文化を切ってしまう。インドにはすばらしい古代文明も現在の文化もあるのですが、それを理解しようとするよりは、インドは植民地になって、しかも非常に近代化が遅れているというのでまともに相手にしないとか、劣ったものとして見るという態度がずっと続いてきました。日本には仏教など世界的な文化がインドから伝わって来ました。また深遠なインド哲学も零《ゼロ》を発見したインド論理学もあるわけですが、日本には、過去の大文明のインドと現在のインドというものに対する両極端なアプローチがあって、オリエンタリズム的な態度もそこにははっきりと投影されていると言えると思います。それがここ数年バンガロールなどのコンピューター・ハイテク技術者がアメリカで重用されていて、インド人ハイテク技術者の地位が高まるのとともにインド見直しの気運が少し出てきました。これを機会に異文化としてのインドをもっと正面から理解しようとする動きが出てくればすばらしいことでしょう。

それとともに最近になってようやく日本にもアジアのいろいろな現代文化に対する関心が生まれてきました。インドは、製作本数でいえば世界最大の映画大国なのです。日本にはこれまでごく一部のインド映画しか入ってこなかったのですが、大衆的な娯楽映画が徐々に入ってくるようになって、少しずつインド映画に対する見方が変わってきているとは思います。その理由のひとつは、日本が豊かになって、欧・米の「先進」文化をモデルとして見るというだけでなく、余裕をもっていろいろな文化を見る、あるいは捉えようとするような関心が生まれてきたからではないかと思います。

そして文化の相対化も認識されてきました。絶対的に西欧文化優位ということはありえないし、絶対的なアメリカ文化優勢ということもありえない。日本の文化も世界にいろいろな面で行き渡っていますし、そういう中で世界の多様な文化についての関心が出てきたと思います。

しかし、依然として異文化に対する偏見が根強くあることも認めなくてはなりません。たとえば、アメリカ文化に対しても深い理解があるとは言えないでしょう。アメリカの服装を例にとってみると、アメリカ人はラフな格好で万事通すようなイメージを思い描く傾向があります。ひところアメリカへ行くならば、服装に気づかうことはない、ジーンズとTシャツだけで十分じゃないかと言う人も多かったのですが、実はアメリカ社会は服装が非常に重要なところです。昼間はジーンズでも、夕方になったらフォーマルな格好をすることが多いし、服装の社会的な表示としての意識では、ヨーロッパよりも強いところもあるくらいです。だから、ビジネススーツとか、ビジネスで成功する服装とか、服装がパワーを持つとか、その種の本が多数出版されています。

私も初めてアメリカで生活したときに、服装に対してのかなり複雑な仕掛けがあるのに驚いたことがあります。大衆製品から高級製品まで全部ありますし、それを適当にうまく自分たちの生活様式に合わせながら使いこなすのが、アメリカにおけるファッションの位置づけです。

こういうことも日本で一般的になされるアメリカ文化を捉える一律な見方の中にいてはなかなかわからなかったわけです。アメリカで生活してみて初めてわかったことといえるでしょう。ですから、アメリカはラフで、ヨーロッパは高級という印象で、それをすべからく両者の文化全般にあてはめるような形で捉えられてきているのが、実際はそうでもないということが徐々にわかってくればいいと思うのですが、今日でもアメリカの文化と社会に対しては意外と理解が進んでいないというのが私の印象です。アメリカ人は多様な民族から形成されている国民ですから、文化も多様で一律に捉えるわけにはいかないのです。それと、そういう社会では逆に服装や態度といった外見的なことが大きな意味をもつことも理解しなければなりません。

根強い偏見

八〇年代にはアメリカや西ヨーロッパで日本に対して「日本異質論」というのがありましたが、日本の政治、経済システムが違うというだけではなくて、文化が違い価値観も違うといって、日本は欧・米の基準から見て「異質」な文化と社会の国だと捉えられたわけです。いわゆるジャパン・バッシングといわれた現象の背後には、西欧社会の日本文化に対する偏見のようなものがないとは言えないでしょう。

「異質」といったときには、そこには侮蔑的な感情が入っていて、ジャパン・バッシングをするアメリカ人の立場に合わせて、日本は西欧やアメリカとは違うといったイメージが作られてしまう。しかも劣った悪い意味でのイメージです。そこには日本にはさまざまな面があっても、劣った逸脱したという面で見たいという人たちの気持ちが強く働いていることになります。世界に経済的な攻勢をかけてのさばる日本をこらしめてやれ、脅してやれといった気持ちです。ヨーロッパやアメリカだけでなく日本の発展を快く思わない人は世界に多いわけですから。しかし、「日本異質論」の発信地はアメリカ、そして西ヨーロッパでした。となるとそこには一種のオリエンタリズム的なものを感じざるをえません。しかし、そこには日本人の態度もやはり反映されていることもあったかと思います。これもまた注意する必要があります。金持ち日本はお金で何でも動かせると思われた節があるからです。

また匂いというものも、オリエンタリズム的な異文化に対するアプローチの大きな要素となります。かつてアメリカ政府の高官が、日本人は魚の匂いがするから嫌いだ、ということを言ったというまことしやかな噂が流されたことがありました。嘘か本当かは分かりませんが、そういういい方はアメリカで非常に侮蔑的な言葉なのですが、匂いが偏見の基になることも多いのです。肌の色なども大きな要因になっていますけれど、匂いといったかなり文化的なものでも差別の対象になります。

アジアでも、匂いの問題では日本人には耐えられないことがたくさんあります。私の経験でいうとスリランカで汽車に乗ると大変だと感じたのは、ある時便所があふれてその臭いが車内一杯にただよってしまったことでした。しかも、外では雨が降って窓を全部閉め切って走らねばならず、しかも暑いところなのでその臭いのすごさに危うく失神しかけたことがあります。これは私個人のことではなく数人一緒にいた日本人みんなに共通することでした。周りのスリランカの人たちはまったく平気でした。匂いに対する感覚が日本人とスリランカ人とでは大きく異なるのです。

そういうことを体験すると、文化全体に対してこれは汚いと考えてしまう傾向が出てきます。文化の他の面ではさまざまな美しい要素もあるのに、一つのことがすべてになって異文化を見てしまいます。

それから色彩も大きな要因となります。赤色というのは、ロシアでは聖なる色です。赤軍といっても、日本の赤軍と向こうの赤軍では意味が全然違います。黄色はタイでは仏教の色、僧侶の衣の色で聖なる色です。日本ではむしろ交通信号の黄ではありませんが、警戒すべき色に属するでしょう。赤もそうではないでしょうか。異文化に対する偏見の生まれる要素はどこに潜んでいるかわからないのです。

憧れると同時に相手を侮蔑する。そうすることによって人間は生きていくというような側面があることは事実だと思います。

その偏見には、政治的な野心とか、経済的な願望とか、そういう利害関係ももちろんからんでくると同時に、政治や経済や軍事において逆に優位にある民族や社会に対して、劣位におかれていた人が文化的な優越性をもって相手を見返すということもあるわけです。黒人の文化というのは差別の対象のようにずっと捉えられていた面があるわけですが、ブラックパワーと言い出して、生命力では白人より黒人のほうが強いという主張を黒人がして白人を見下すこともあるわけです。それは白人の優越感の裏がえしでもあります。白人、黒人といったいい方も乱暴ないい方にはちがいありません。日本人などは黄色人といわれますが、これも現実に私たちは黄色ではありません。人間にはさまざまに見えるところがあり、肌の色も微妙にちがう面が多いわけです。現にフランスでスペイン人に間違われたとか、アメリカでメキシコ人として扱われたとか、日本人と外国でなかなか見てくれないような体験をする人もいるわけです。白人、黒人、黄色人といった区別も文化的な偏見の面が強いと思います。

異文化に対してはささいなことが拡大されて、オリエンタリズム的なアプローチを生み出します。サイードは、学者や小説家の言説だけではなく、一九世紀イギリスの政治家の議会演説なども引用しながらそこに含まれるオリエンタリズムを露わにしてゆくのですが、日本人のアジアに対する言説を明治以来拾ってみれば、同じようなことが言えるかもしれません。福沢諭吉の「脱亜入欧」は近代日本の国家的スローガンにもなりましたが、福沢には強い「アジア蔑視」があったと安川寿之輔氏は指摘しています。私も以前そのようなことを述べたことがあります。無意識的に発言された言葉が誤解を拡大させて、それが大きな国際関係まで脅かす可能性があるということです。

いつも感じることで、先にも指摘しましたが、日本人はどうも自己完結的というのか、外来文化を日本文化の中で消化しようとしてしまう。外から伝わった文化の要素でもいつのまにか日本文化になってしまっているということが多く、それで、逆に異文化をあまり意識しないのではないでしょうか。異文化に対する憧れも軽蔑もあるのですが、日常生活の中で異文化に対する無関心というものが、いかに大きな誤解とか差別とか、逆に外国での日本に対する悪感情を生むかということを意識しないで行動している場合が多いと思います。

オリエンタリズムは、オリエントに対する近代西欧の偏見、偏向というものを、西欧のオリエント支配の生み出した言説としてサイードが告発したところからきているわけですが、これまで見てきましたように大きな意味で異文化に対する偏見を示す象徴的な言葉として使えると思います。単に西欧対オリエントという形でなくて、日本対アジアとか、アメリカ対中国や日本というような形でも使えるし、西ヨーロッパ対日本という形でもあてはめられると思います。それはアジアやアフリカのさまざまな地域でも多数派民族から少数派民族を見る場合とか、複雑な異文化間の状況において使われることでもあるでしょう。

なぜオリエンタリズムの問題がそれほど重要かといえば、現代は文化と人間の広い交流の時代だからです。幾度も繰り返しますが、異文化は常に身近にあるし、常に他者と接触しつつ人々は生活をしていかなくてはなりません。そのときに、異文化に対してあまりにも無知であったり、また無知からくる偏見は大きな困難や摩擦を生み出します。

異文化理解が重要になった時代に、異文化へのアプローチに対する警告の言葉として、「オリエンタリズム」というのは非常に重要な言葉だということを指摘しておきたいと思います。

2　ステレオタイプの危険性

電気製品とサムライ

前章でも触れましたが、異文化を捉えようとする場合、断片的な印象から大ざっぱに類型的な形づけを行なってしまうことが非常に多いと思います。そうした捉え方を指して「ステレオタイプ」的ということができるかと思うのですが、残念ながら異文化のステレオタイプ化は実によく行われています。

今日のように異文化間の交流が密になっても、異文化とか異文化を持つ人たち、他者に対して、なかなかステレオタイプを超えるような理解をするのは難しいのが現実でもあります。一昔前、日本人はエコノミック・アニマルと言われました。誰が言い出したかわかりませんが、あっという間にこの言葉が広く喧伝されて、エコノミック・アニマルという言葉が日本人を指して使われるようになりました。これには半ば日本人の被害妄想的な思い込みもあったかと思いますが、日本が世界に経済進出をして、それが顕著になると、日本人は経済的な行動しかしないような人間と捉えられ、半ば恐れられ、半ばあきれられ皮肉られました。フランスの女性首相などそれを誇張して日本人をあげつらったものでした。

そういう言葉が独り歩きすると、日本人の間にはさまざまなタイプの個人がいて、日本人自身とくに経済至上主義で生きているわけではないのに、外国に行くと、日本人はエコノミックだと最初から決めつけられて、そのようにしか見てくれないという風潮が一部でき上がってしまったのです。まさにステレオタイプ的な捉え方といってよいでしょう。

こういうステレオタイプ的な言い方や考え方が、異文化と他者に対して容易に出てくるのは、エコノミック・アニマル＝日本人の場合は当の日本人の行動にも問題があるのを否定はしませんが、やはり異文化に対しては理解するよりも、何らかの容易なラベルはりが先行してしまう傾向を、どの社会ももっているからでしょう。

車とかテレビとか、冷蔵庫とか、日本の電気製品が世界中に出回っていて、誰もがその優秀性を認め、買い求めます。そこには日本製品の優秀性に対する評価がきちんとなされていて、誤解が入り込む余地はありません。近代国家として工業化・産業化に成功し、見事に立派で独創的な工業製品を作り出したことは世界中で認められている事実です。

では、それを作り出している日本人と、日本の社会あるいは文化に対する関心や理解が、日本製品を買う人の間に高まっているかというと、そういうことは必ずしもないのです。

もう二〇年以上前になりますが、アメリカに行ったときに、アメリカ人たちは日本の家電製品を競って買っていましたが、アメリカの教科書では、日本人はまだ「サムライ」の姿に描かれていました。一般の人たちはサムライがどうしてこういう製品を作れるのかという疑問を持たないのです。優秀な家電製品を作る日本人や日本文化に興味を持たないのです。製品は製品で、日本人は黒澤映画に登場するサムライのイメージで捉えられてしまうのです。『七人の侍』などの時代劇がよく知られていたことからくることなのでしょうが、逆に映画技術を駆使してあのような優秀な映画作品を生み出した国や文化でもあるのに、妙なことです。

私はタイで、まさに日本人がステレオタイプ的に見られているという経験をしました。タイでは七〇年代の初め頃、日本の経済進出に対する反対運動が学生の間で起りました。日本の製品をボイコットしろ、日本の経済進出反対といったスローガンでデモが行われました。

このとき非常に恐ろしいと思ったのは、それまで仲良く付き合っていたタイ人の友人たちが、日本人だということで私を避けるようになったのです。日本人とはお茶も飲まないし、一緒にいたくないという態度を見せるようになったのです。皆が皆そういう風になったわけではありませんが、そのとき感じた淋しさと憤りはいまでも鮮やかにおぼえています。どうして個人として一人の親しい人間として付き合ってくれないのだろう、バンコクで僧修行をしたこともあるというのに、日本人だというと、どうして一方的に決めつけてしまい、日本のイメージを十把ひとからげでしか捉えないのだろうか、と思いました。

また、スハルト退陣後に起きた最近のインドネシアにおける、いわゆる華人に対するインドネシア人の態度の一部にも、同じようなステレオタイプ的な見方は表れていると思います。政変劇の中で示された華人に対する排斥運動や攻撃には、やはりステレオタイプ的な中国系住民への決めつけが見られると思いました。

こうしたことはどこの国でも起ることで、日本人だってアメリカ人とか中国人を、十把ひとからげのイメージで捉えていることが多いのです。そして、その逆も事実であることをよく承知しなければなりません。

マス・メディアがステレオタイプを増幅する

では、なぜステレオタイプ的な見方が多くなるのかといえば、異文化を理解することの難しさとともに、異文化や他者に対して人は自分の理解しやすい形を選んでしまうということがあると思うのです。

そして、このステレオタイプ的な見方というのは、マス・メディアや映画などが拡大再生産する危険性が多いといえます。

たとえばハリウッド映画の登場人物に「フーマンチュー」がいます。フーマンチューはフランケンシュタインのような怪人物で、それを白人の探偵が倒すという話なんですが、中国人の目とユダヤ人の鼻を持った、西欧社会の一部にみられる人種偏見を象徴する権化のような怪物的存在なのです。

アメリカでは、中国人は偉大な文明を築いた民族と尊敬もされますが、同時に一般のアメリカ人の思い及ばぬところで何かを策動している怪しげな奴等という捉え方もみられます。黄禍論という反中国、反アジアの偏見が流行したこともあったわけですが、中国が共産社会になったこともあって、アメリカや世界を破壊しようと企てているイメージが押し付けられもしたのです。ですからこのフーマンチューは、世界を破壊しようと企てる怪しいまさに中国人のイメージなのです。

『007』シリーズの最初の作品『ドクター・ノオ』でも、世界を破壊しようとカリブ海の孤島で何やら怪し気な実験をしている怪人物、ノォ博士もやはり中国人を母に持つという設定です。同じシリーズの『ロシアより愛をこめて』は、まさに冷戦中ですから、ここではロシア人とソ連の諜報機関が敵となっていました。

『ダイ・ハード』シリーズの最初の作品は、ニューヨークからロスアンジェルスに来た白人警官と地元の黒人警官が協力して、日本人の持つ高層ビルをドイツ人テロリストが襲うのを相手に、戦って打ち負かすという話ですが、ここにもドイツ人に対するその当時のアメリカ社会のイメージと、経済進出の親玉である日本に対する思惑が込められていて、いずれも否定的な登場人物として表現されており、彼らが打ち負かされるのを見てアメリカ人はみな喝采したわけです。

ステレオタイプに当てはめた日本人が登場するものとしてはやはりハリウッド映画の『ライジング・サン』もそうでしょう。日本のバブル最盛期の頃の話で、日本経済と大企業が攻撃の対象になっていました。日本男性はやたらと女性を裸にするとか、何でもお金で解決すると、日本人を完全にエコノミック・アニマルで冷酷非情な人間というステレオタイプに当てはめて描き、そのイメージを増幅拡大したような映画でした。私はこの映画をパリで観ましたが、実に妙な気持ちになったことを覚えています。こうしたある種の民族や外国人を敵役に仕立てて映画を作ることは、とくにハリウッド映画にみられる一つの傾向といえるかと思います。二〇〇一年の映画界のニュースにはフーマンチュー物の新作品が計画されているとありました。これは現在の日米中関係の思わしくないあり方や北朝鮮についてのアメリカ社会の見方が影響しているといってよいかもしれません。最近(二〇〇一年)日本で公開されたアメリカ映画『15ミニッツ』では東欧系の冷酷無情な殺し屋が描かれていました。アメリカ社会のこうした面での感情の動きを実に敏感に反映するのがハリウッド映画という見方もできるでしょう。しかし、勝手にステレオタイプ的偏見を増幅されては、される方はたまりません。きちんとした異文化理解のあり方をしっかりと描いて欲しいものです。

このように、時代の状況に合わせて異文化と他者をステレオタイプ化して描く大衆娯楽作品を生産するところがアメリカであり、ハリウッド映画のやり方で、そうした大衆娯楽でのイメージの変遷を見ていると、そのときそのときのアメリカにとっての敵や、潜在的な脅威などが強調されていて、非常に興味深いことも事実です。繰り返しになりますが、当然のことながら異文化理解にとっては、この傾向は好ましいことでは決してありません。偏見の拡大再生産にもなるからです。マス・メディアの異文化理解と表現の仕方には注意をはらうことが必要です。テレビのドラマやコマーシャルにどのような異文化・他者へのステレオタイプ的な偏見が現われているか、チェックすることは重要な問題だと思います。

決めつけられる理由を探る

ステレオタイプの特徴は、ある特定の異文化と他者に対して集団的イメージを作り出すことにあるのですが、そのイメージは非常に卑近な経験とか接触によって作られることが多く、しかもそれがどんどん拡大されていきます。I・1の章でお話ししたエキゾチシズムというのも、これは一枚の絵葉書に込められたイメージで、外国はすばらしいとなるのですが、その反対の現象が起ってネガティブに作用することも多いのです。

よくあの国の人はどうだなどと気楽に話しますが、それはたまたま自分が会った一人か二人の外国人の印象だけによるものが多いのです。非常に限られた例を、一挙に全体のイメージにしてしまうのです。

日本人がちょっと経済的に突出すると、なぜ突出したのかという理由は問わずに、自分たちが被った被害とか、不利益によって、すぐに自分勝手なイメージを構築してしまう。そして、ジャパン・バッシングになるという形が八〇年代にはよく見られました。

ただ、ここで気を付けなければいけないのは、そうしたイメージがまったくの空想ではないということです。つまりそこには何らかの異文化や他者の経験があって、それを基にイメージが作られるということです。何にもないところには偏見が生まれることもありません。悪いイメージを作られるときも、何かのきっかけでイメージ作りの材料を提出していると考えなくてはなりません。それが異文化理解を考えるうえで、注意しなければならないことです。

日本人がどうだと良くも悪くも言われて、個人としてそんなことはないと思っても、実際、そこにはそう言われるような日本人の行動がどこかにあるのです。エコノミックという言葉を考えても、日本人が経済進出したのは事実ですし、その事実がなければ、日本人はエコノミック・アニマルだという言葉も出てきません。タイやアメリカでみていても一時期の日本人の行動には、お金中心主義的な行動に目に余るものがあったことは事実です。

異文化理解の場合、いろいろな側面を見なくてはいけません。

自分自身がステレオタイプに当てはめられると、拡大解釈され誇張されて迷惑な話だ、偏見以外の何ものでもないと思ってしまいますが、たとえば日本には富士山があり芸者がいる。そして少なくなったとはいえフジヤマ、ゲイシャをいまだに日本のイメージとして自らが売るところがあるのは事実です。

ステレオタイプでいやな思いもしますが、そうなった根拠、決めつけられた理由はどこかにあるのではないでしょうか。

ステレオタイプは、一番簡単に、即席で作られてしまう、異文化についての、また異文化を持っている他者に対するイメージです。異文化理解を妨害し、ゆがめてしまうものには違いありません。けれども繰り返しになりますが、そこにはそういわれる理由がどこかにあるということ、それも事実だということです。

ですから、自分たちがステレオタイプに当てはめられた場合は、感情的に反発するのではなく、そう言われる理由をきちんと考えなければいけません。逆に、私たちが異文化を理解するうえでも、相手に当てはめたステレオタイプをまず疑って、その根拠を探ることによって、異文化と他者の理解へ一歩前進することができると思います。これが、自文化を異文化として理解してもらうための、そして異文化を理解するための一つの大きな方法になると思います。

横行するステレオタイプ

現代は情報化時代などといわれていますが、異文化や異文化を持つ他者に対するステレオタイプ的な決めつけもまた盛んになっていて、非常に危険な状態にあります。たとえば、ボスニア問題にしても、セルビアやクロアチアの政治指導者が「民族浄化」などと言い出して、自分たちの民族を浄化するためには、異文化を持っている人間を敵として排斥すべき対象と見なします。ユーゴスラヴィアといっていた時代には、少なくとも外部から見て、ボスニア人もセルビア人も理解しあいながら、交友を深め、平和に生活してきていたというのに、東西冷戦後にユーゴスラヴィア連邦が崩れて、今度は民族・宗教間の政治的な紛争の場になると、完全にステレオタイプだけで相手を見てしまうのです。この時代に「民族浄化」などという言葉が表面に躍り出てくるとは、まさに悪夢を見る思いがします。

せっかく築いた歴史的な民族間の協力関係さえも、政治的な紛争の中で消えてしまい、せっかくのコミュニケーションが途絶えてしまうのです。そして相手を傷つけ、あるいは自分たちのイメージを一方的に相手に押しつけて、悲惨な状態を生み出したりします。ナチスのユダヤ人排斥と虐殺の時代にも、ユダヤ人に対するステレオタイプのイメージがマス・メディアを通して拡大されました。

こうしたことが、もう十分悲惨さを味わったというのに、二〇世紀の最後まで行われ、新世紀となったというのに、今度はマケドニアだ、インドネシアだ、パレスチナだ、アフガニスタンだと途絶えることなく続いていることには、悲しみを通り越して大きな憤りを覚えずにはいられません。

文化が違うから衝突が起るとは必ずしもいえませんが、人間関係でこじれた場合、あるいは政治、経済的な問題が起って紛争になった場合、文化が違うと、相手を排斥するような極端な形になってしまうことが多いのです。異文化理解が現代人の必須の心がけとなることの理由が、そこにあります。

ボスニア問題の場合、それは相手がボスニア人だセルビア人だということだけで闘っています。ボスニア人の言葉はセルビア語ですし、顔を見ても両者はあまり変わらないのですが、イスラーム教やキリスト教という文化の違いがあって、それがそれぞれの民族を示す象徴になっています。そういう象徴的な違いというのが一番前面に出てきて、ギリシア正教徒のセルビア人にとって相手がイスラーム教徒なら手段を選ばない攻撃するための敵となってしまう。

外から見ていますと、本当にどうしてああなるのかよくわかりません。もっと平和的に共存して繁栄する方がいいのにと思ってしまいますが、実際には宗教と民族そして文化の違いというだけで、ステレオタイプによって相手を敵と決めつけ、破壊してしまうのです。そして、かつてオリンピックで美しい都市と世界に宣伝されたサラエボが廃墟となってしまったわけです。どれほどの文化的損失であることか、実に空しく愚かな所業としかいいようがありません。

ナチスのユダヤ人排斥もそうですが、異文化に対する弾圧や破壊があの二〇世紀の大きな特徴でもありました。先に申しましたとおり二〇世紀は非常に合理的な時代だと一方では言われていますが、もう一方ではまったく理不尽な反合理性が猛威をふるった時代であり、そこには文化の違いによる殺し合いが大きな破壊的役割を果しているのです。

結局、ステレオタイプ的理解というのは、異文化や他者に対する極端な理解の仕方ですから、常にそこには人間を人間としてみる視点が欠けています。相手が何々教徒、何民族、何人と聞いただけでまともに相手を見、現実を捉えようとする耳目は完全にふさがれてしまう。何ともやり切れない浅はかな行ないだと思うのですが、いまだに私たちはそこから逃れられないでいるのです。

マス・メディアの巨大な発達にインターネットや多機能携帯電話などの急速な普及をみる情報化時代は、異文化理解を進める側面も持っていますが、一方で、異文化に対するステレオタイプ的な決めつけが生まれやすいことも事実です。情報化時代というのは、ひとつのイメージで全て決めてしまう、そういう時代でもあって、非常に恐ろしい時代でもあります。情報が無いよりはある方がよいとはいっても、その情報のあり方が問題です。異文化や他者との共存を心がけなければならないグローバルな時代に、異文化理解を「速い」情報にのみ頼る危険を忘れないでいたいものです。

3　文化の衝突

グローバリゼーション

一九八〇年代に入ると、日本では「国際化」の必要性が非常に大きく叫ばれるようになりました。一九九〇年代から新世紀にかけては「グローバリゼーション」とのかけ声がどこでも聞こえます。

国際化が、どちらかと言えば日本なら日本一国の変化を指し、それが他の国々も互いに国際化をしなくてはならないといった傾向が強かったのに対し、グローバリゼーションは、地球全域での変化に重きを置いた言葉です。国際化はやはり国と国といった関係が中心の考え方というべきでしょう。グローバリゼーションには国という枠にとらわれない見方が含まれています。実際、インターネットや衛星放送が世界中で見られることを含めて情報化が進行し、経済がボーダーレスになり(企業活動の場が全地球的になること)、中国やロシアが積極的に市場経済の仲間入りをするという現象からも、グローバリゼーションが加速していることは事実だと思います。

アジアの主要都市を見ますと、外観はほとんど同じです。高層ビルに覆われ、ショッピング・センターがあり、車が道路にあふれています。食べ物はハンバーガーとかフライドチキンで、飲み物はコーラやコーヒーなどです。人々の服装を見ればTシャツとジーンズとスニーカーで、ヘッドホンステレオでロックとかポップスを聴いています。映画でも『タイタニック』のようなアメリカのハリウッド映画がどこでも上映されていたり、すでに、大都市であればアジアのどこへ行っても、基本的にはあまり違和感を覚えずに東京や大阪と同じような都市生活ができるようになったともいえましょう。グローバル文化がどこでも見られるといってよいかも知れません。

これはおそらく、程度の差こそあれ、世界中の大都市のどこへ行っても同じだと思います。加えてスーパーマーケットではどこでも同じようなものが並んでいるとか、テレビは衛星放送を含めて深夜までやっているとか、表面的には、どの大都市もほとんど同じ風景であること、都市の生活が画一化してきたことが、文化におけるグローバリゼーションという現象の大きな特徴だと思います。

グローバリゼーションはアメリカ化か

そこでグローバリゼーションとは何か、とその内実を考えてみると、少なくともその変化を表面的に覆っているのは、現代アメリカの作り出した大衆文化あるいは生活様式です。高層ビルもハンバーガーも、二〇世紀アメリカの経済力によってつくり出されたものであり、それが世界中に発信され、どの国の大都市にも波のように押し寄せているのだと思います。

では、グローバリゼーションは「アメリカ化」と同じことなのかというと、必ずしもそうとは言い切れません。グローバリゼーションを構成する製品、たとえばヘッドホンステレオなどは日本製品が多く、ビデオやコンピューターの多くもアジアの国々で生まれていて、それが物質のグローバリゼーションを推し進めているところがあるからです。それにファストフードもマクドナルドやケンタッキーフライドチキンばかりでなくラーメンや回転寿司や牛丼も世界に大きく広がっています。

アメリカ大衆文化の表現形式は、特に二〇世紀後半の世界の国々には非常に受け入れやすいということがありました。いくらアメリカが政経軍事にわたる超大国といっても、また文化の産業化の力が強大といっても、その文化そのものに魅力がなければ世界に広まるわけはありません。ハリウッド映画やポピュラーミュージック、コカ・コーラやハンバーガーなどの食文化を含めたライフスタイルなどが世界の多くの人に好まれるから広まるわけです。

また、アメリカ大衆文化の象徴のように言われているファストフードは、和食あり中華ありの日本にも広く受け入れられ、最近では中国の北京などでも話題を呼んでいますが、それはファストフードという形式が現代の都市生活に非常に適合する形式だからです。忙しい時代になり、核家族になって、特に女性が働くようになると、仕込みに時間がかかる料理は家庭で簡単に作るわけにいきません。必然的にファストフードが入り込んでしまうのです。しかも店構えは、どのチェーンのものも非常に雰囲気がオープンです。照明も明るく、看板も大きくてわかりやすい。受け入れやすさはそういうところにもあるわけです。開かれた明るさがそこにあります。それはまたステレオタイプ化されたとはいえアメリカ文化の特徴でもあります。

また、ハンバーガーもハンブルグ・ステーキをパンに挟んだものですから、その一部はドイツに由来し、アメリカの食文化固有のものではありません。一昔前に、アメリカの人類学者が「一〇〇パーセントアメリカ的」という論文を書いて、「アメリカ人が朝起きて寝るまでの生活文化を見ると一〇〇パーセント外国からきたものばかりである。ということは、一〇〇パーセントアメリカ文化とは一〇〇パーセント外国からの寄せ集めにほかならない」という皮肉な指摘をしました。アメリカ的なものというと、非常に西欧的に感じられるのですが、西欧だけでなく、世界中のいろいろな文化を取り込み中和させてうまく作り上げているものでした。だからこそアメリカ文化はまったくの異文化圏にも受け入れられやすく、世界に急速に拡がっていくことができるのだと思います。

ですから、現在のグローバリゼーションは、それはアメリカ化という言い方による「文化侵略」批判や、アメリカ文化産業が世界を植民地化しているという、いわゆる「文化帝国主義」批判ですまされるわけにはいかないのです。やはり大変普遍的なメッセージを発する魅力的な大衆的な文化とその産物を世界に提供するからこそ、急速に拡がっているのだという事実は認めなくてはならないでしょう。「文化侵略」や「文化帝国主義」をいうならむしろ受け入れるほうを問題にしなくてはいけないと思います。もし製品や商品に魅力がないようなら誰も買わないからです。

それでも残存する文化差

アメリカの消費経済とそこに広まる文化のグローバリゼーションの波には抵抗しがたいも

のがあります。かつてインドのムンバイ(旧ボンベイ)では、人民党のコカ・コーラ追放運動なども起きました。しかし、いまではデリーにもファストフードの店があります。フランスのように、アメリカ映画の輸入本数を制限するなど、アメリカの「文化侵略」に対する防衛策を講じる国もあります。しかしそういう抵抗も効果的ではありません。パリではハリウッド映画からファストフード店まで人が群がっています。

こうしたグローバリゼーションを政治権力で禁じることは難しいでしょう。というのは、情報化の時代には、テレビやインターネットなどの通信伝達手段によってどこに何があるのか誰でも知ってしまうからです。そして同じものをほしがったり同じことをしたくなるからです。そういう消費欲望を起させるところがアメリカ的な文化のグローバリゼーションの強みなのです。

現在のグローバリゼーションは、経済発展による都市の「中間層」の出現と、消費文化の拡大という社会の発展段階との間にある種の対応関係があり、自文化防衛という受け身の政策ではなかなか抵抗できないだろうというのが私の考えです。

ただ、この文化のグローバリゼーションによって、やがて世界の文化が均質化してしまうのかというと、それも違います。戦後、憲法や学校制度に始まり、アメリカ化の影響を受け続けた日本ですが、アメリカから見るとまだ「日本異質論」が出てくるぐらい、彼我の文化の違いは依然として消えていないのです。確かに、食生活やファッション、経済や社会の制度まで、グローバリゼーションによって変わるものはたくさんあります。しかし同時に、文化的社会的に残るものは残っています。英語が情報通信の第一言語として世界を覆っていることは事実としても、タイ語もネパール語ももちろん日本語もしっかりと存在しています。アメリカ的なファストフード支配の傾向はあっても、回転寿司もあり、和食の伝統は残っています。それが消え去るとも思えません。こういう事実を見ても、私は、それぞれの文化が全て画一化してしまうとは思いません。しかし、他方でそれも楽観的にすぎるかもしれないと感じたりもします。実はこうしたグローバル化の勢いは、人々に自文化への関心を薄めさせ、子どもや若い世代に伝統や歴史についての関心を失わせないまでも弱くさせる働きがあるのも事実だと思うからです。私は、実のところ、日々こうしたグローバル化の中に身をおくことが、限りのない画一化へと人々をかり立ててゆくのではないかとさえ危惧しています。

本来は文化のグローバリゼーションと異文化は必ずしも対立関係にはなく、グローバリゼーションも受け入れながら異文化は異文化として存在するというあり方になるのが一番良いのではないでしょうか。アジアの都市で似たようなタイプのビルばかり見ると、ちょっと待ってくれ、どうにかしてほしい、もっとそれぞれの文化のあやが建築に示されるような都市づくりをしてもいいのではないかという気持ちを強くもつようになることはさけられません。まことに個性なき現代アジアの都市づくり、高層ビル化そして生活文化の画一化は残念なことに感じられますが、いまのところこの傾向は止めようがないありさまです。

頻発する文化衝突と「文明の衝突」論

ところで、こうした画一化現象をともなうグローバリゼーションが進行する現代は一方で、民族や宗教の対立が頻発し、文化摩擦がなかなか解決されない時代でもあります。パレスチナ問題から旧ユーゴスラヴィア民族戦争、北アイルランド紛争、インドネシアのキリスト教徒とイスラーム教徒との対立にいたるまで、二一世紀を迎えたというのに、民族対立や宗教戦争、地域対立は世界中に見られます。北アイルランド問題は、いつも和平交渉がようやく実を結ぼうとするとロンドンでテロリストの爆発事件が起ったりして頓挫してしまうことの繰り返しです。ブレア政権も努力をしてもいまだ解決にいたりません。プロテスタントとカトリックという同じキリスト教の中での宗派の違い、ケルト系とアングロ・サクソン系という民族と言語、風俗習慣、価値観の違いがベースとなった典型的な「文化の衝突」でもあります。

近代において最も早くから市民社会を作り上げ、かつてはアジア、アフリカの植民地で他民族支配、また異文化理解の経験を積んできたイギリスが、本国において「異文化問題」をこじれさせ容易に解決できないのは大いなる皮肉ですが、冷戦終結後の民族対立や宗教対立の多発は、ほとんど同じ時期にグローバリゼーションが加速し始めたにもかかわらず、「東西冷戦終結後の国際政治における最大の問題点は文明の違いである。文明の違いは基本的には克服できない」という、「文明の衝突」論を登場させるに至りました。

これは一九九三年にアメリカのハーバード大学の国際政治学者サミュエル・ハンチントン教授が発表した論文の中で主張したもので、その論文が「フォーリン・アフェアーズ」という権威あるアメリカの外交誌に掲載されるや世界的に注目されて、「フォーリン・アフェアーズ」発刊以来といわれる大論争を巻き起しました。とりわけ、現在の文明衝突の基本に「西欧と非西欧の対立」があり、「文明の違いは克服できない」と断定的に述べているところがアメリカの国内だけでなく世界から批判を受けているわけであり、かつそれが世界の論壇を刺激しているわけです。その問題発信性は時代の動きに適合して大変強く、いや応なく「文明の衝突」を考えさせられるという点では大変重要で意味のあることでした。私はその論には賛成しないものの、いま述べましたようにこれは時代の核心をついた一つの議論であると思います。

というのは、東西冷戦の枠が崩れた結果、特に旧ソ連圏や東欧で民族の違いや宗教の違いが争点として浮上し、さまざまな紛争が起っています。またアフリカや中東やインド、スリランカ、インドネシアなどの世界各地で、宗教や民族の違いから激しい紛争が起っています。冷戦下であれば抑えられてきた問題が一気に噴出してきたことが多く、東西冷戦の終結が文化問、文明間の違いを最大の紛争点に押し上げたとみることは重要な指摘です。

冷戦後の紛争多発の理由については、ハンチントンに限らず誰もが、冷戦が終わってアメリカが超大国として一つ残ったが、そのアメリカもすでに「パックス・アメリカーナ(アメリカによる平和)」を世界に強制する力は持ち得ず、世界は経済的にも多中心的な時代に移行せざるを得ないが、その新しい世界秩序がなかなかできない。その間隙を縫って以前からある民族対立とか文化の違いによる衝突が浮上してきた、と捉えることができるかと思います。

しかし、ハンチントンはそこからさらに議論を進め、「世界はいくつかの文明圏に分けられる」として、次のような分類を提示しました。「西欧とアメリカのキリスト教文明圏」、

「ロシアを中心とするスラブ文明圏」、「中国を中心とした儒教文明圏」、「日本文明圏」（日本は独立した文明圏として扱われています）、「インドを中心としたヒンズー文明圏」、「中東のイスラーム文明圏」、「ラテン・アメリカ文明圏」です。「アフリカ文明圏」は二一世紀に出てくるだろうと予想しているのですが、問題は、そこにはアメリカを含めた西欧対非西欧の潜在的対立がある、としていることです。たとえば、アメリカ対イスラーム圏、アメリカ対中国の儒教文明圏の対立があり、イスラーム圏と儒教圏が、西欧とアメリカ文明圏に対する対抗手段として手を結ぶ危険性があることなどを主張しています。

この主張は、先にも触れたことですが、たとえばトルコのEU（欧州連合）加盟問題などに関しては、ある程度の説得力を持っています。トルコはEU加盟を希望して候補国としては認められましたが、EU諸国は未だ加盟を認めていません。ハンチントンはこの状況を、トルコがイスラーム圏で、ほかのEU諸国がキリスト教圏だからと説明します。考えてみればトルコは、いわばEUにアメリカなどを加えた軍事同盟NATO（北大西洋条約機構）には昔から加盟済みです。地理的にもボスフォラス海峡のような軍事的、経済的に重要な要衝を握り、その地政学的な位置のもつ政治的意味はギリシアよりも大きいと言えます。前に触れましたがそのギリシアは曲がりなりにもEU加盟を果たしている。それなのにトルコが加盟できないのは、文明の対立が基底にあるというわけです。確かにギリシアはギリシア正教というキリスト教文明に属する国でした。

文化の違いは乗り越えられない？

ハンチントンの議論に対しては先に触れたように批判する人が多いのですが、私が今日の問題提起として興味深く思うのは、一つには今になってこういう議論が出てきたことです。確かに、その議論をたわごとだとか学問ではなく政治的な主張だと斬ってすてることは簡単だし、私たちアジアの側から見ても文明圏の対立という世界の捉え方はあまりにも図式的であり、誇張されている気がします。日本文明を東アジア文明圏から切り離して孤立する文明と位置づけていますが、この指摘は面白いものの、こう断定されても困るわけです。日本とアジア諸国との結びつきは予想以上に強いものと私は思っています。一九九七年に起きたアジア通貨・経済危機はそれを証明したと思います。ハンチントンは「日本文明」を孤立した友人の無い文明と述べてもいるのですが、これもあまりに一方的な断定です。大体、文明はそれ自体が中心となっているからこそ文明なので、他の中心である文明と並立するわけです。日本がそうした中心としての文明なのかどうかには疑問があると思っています。

ＡＳＥＡＮ（東南アジア諸国連合）はいまや密接な連合体をつくり出していますが、そこでは世界最大のイスラーム国であるインドネシアと仏教国のタイ、儒教中心とみてよいシンガポール、キリスト教のフィリピンが一緒に存在しています。そこにみられる共存関係はかなり強いものです。とくに外部の大国に対して共同で結びつこうとする動きが見られます。しかし、そういう文明間の対立を主張する議論、「文明の衝突」論がアメリカの中心的な国際政治学者によって書かれ、ベストセラーになり、世界をひっくり返したような大きな議論になるというような現象は、異文化理解の問題としても非常に重要だと思うのです。その現象自体が、現在の世界の異文化に対する考え方の一面を示すとも思われますから、こうした議論は真剣に追究し、どうしてそうした世界の見方が出てくるのか解明しなければならないと思うのです。

もう一つ興味深いのは、ハンチントンが「文明の間は越えられない」と断言している点です。後章で触れる問題の一つですが「ディアスポラ」とは真っ向から対立する考え方なのですが、文明と文明の間には境界があって、その間を越えることは不可能である、いかに経済が国境を越え、お互いに交流が深まっても、文明の仕切りは越えられないと言っているのです。するとアメリカのような多民族、多文化国家はどうなるんだとか、日本とアメリカは文化が違うから結局は協同できないのかという問題になります。その点で二一世紀の世界に対し非常にネガティブな議論になるわけです。

ハンチントンは「文明の境界」について、次のような説明をしています。たとえば、私たちが出身地を言う場合、東京で東京の人に言うなら、出身は港区とか足立区と言うはずです。昔なら下町とか山の手と言ったかも知れません。また相手が東京出身の人でないなら、東京出身とか、関東と言ったりするでしょう。そして相手が外国人だったりした場合には、最終上位分類として自分は日本人だ、日本出身だと言うことになります。

これをアメリカでアメリカ人を相手に言う場合、まず日本人ですと言うところから始まり、「日本?」などと反問された場合には、極東アジアの人間ですとか、東アジア人、アジア系ですと言うことになります。ここでは最終上位分類として、東アジアが残るわけです。西洋人ですとか中東人とは言えないし、言わないでしょう。ハンチントンは、その残るところが所属する文明だとしました。最終上位分類が日本なら日本、中国なら中国の文明というわけです。あるいは東アジアとなるわけです。

こうした自然に浮上してくるように見える文化的、文明的な違いと人々がその違いに托すアイデンティティには、どんな根拠と整合性があるのでしょうか? そして、そうした分類による文明と文明の間には、本当に乗り越えることの不可能な境界があるのでしょうか？　それもまた、異文化理解の根本に関わる、これから明らかにされなければならない問題だと思います。この点については後で触れたいと思います。

多極化、多中心化する世界の中で

一方でグローバリゼーションといい、国境を越えた文化的な画一化現象があって、外見的にはどの大都市も人々の風俗も生活様式も同じように見えるようになった時代に、もう一方では文化とか文明の境界が越えられないという議論が登場し、非常に大きな影響を与え、論争を引き起こしている。これは、現在の世界が抱えている大きな矛盾です。

グローバリゼーションの現状と世界の現実から、文化の違いを乗り越えられるという立場も強固ですし、どんなにグローバリゼーションが進んでも文化差は残ると思われることも含め、乗り越えるのは無理だという立場も強固です。ただ、そうした相容れない二つの立場が並行して出てきたことは、グローバルな情報化社会という時代が必然的に生み出した結果だと思います。つまり、一方で同じ情報が伝わっていって世界の共通認識が拡がると同時に、その同じ情報によって異文化の違いが意識させられる、という認識の両面を同時に意識せざるを得ない時代なのではないでしょうか。

そのとき、外から伝えられてきた異文化をどう捉えるかは、大きな課題になります。異文化も自文化もないという立場もあれば、異文化は異文化だという立場も、個人の選択として可能であるわけです。いずれにしても確かなことは、このグローバリゼーションの時代にあっても、異文化をめぐるいろいろな衝突や困難の解決は、依然として難しいということです。

そこで留意すべきことはグローバリゼーションと、文明、文化の衝突論と、どちらに与するべきだというような二者択一の議論にしない方がいいということだと私は思います。その間を埋めてゆくことが大切だと思います。それがゆえに「異文化理解」という問題が大きな課題として出てくるのです。それに常に異文化理解を念頭に置きながら世界を見つめていかないと、世界の動きから取り残され、結局、発展や繁栄も望めなくなることもまた確かだと思います。

Ⅳ　異文化との対話

右：ディアスポラ的生き方を描いた映画『ラヴソング』(本文177・178頁．写真提供・ビターズ・エンド)　左：「文明の対話」を訴え，国連で講演するハタミ・イラン大統領(写真提供・ロイター・サン)

1　文化の翻訳

さまざまに異なる文化の間での対話を促進することは、いまもっとも必要とされることではないでしょうか。

文明の対話

前章でみたような「文明の衝突」論がアメリカから出てきて、その中にはイスラームを危険視するような要素も含まれてあったことから、イランのハタミ大統領は国連に「文明の対話」を訴えました。この提案は各国の支持を受けて、二〇〇〇年は「文明の対話」の国連年ともされました。またグローバリゼーションが進める文化の「画一化」に対して地球上の人類が受け継いできた固有文化の多様性を擁護すべきだとの声も広がり、先にも記しましたように、国連の教育科学文化機関ユネスコも「文化の多様性」をその活動の目的に掲げています。二〇〇〇年の先進八カ国沖縄サミットでも「文化の多様性」擁護は決議声明に取り上げられました。

異なる文化の間での相互理解の必要性は、それこそ人類史上かつてなく大きな課題となっています。「対話」の必要性と、「文化の多様性」を尊重するために、異文化間のコミュニケーションについて、ここでは考えてみたいと思います。

言語と非言語

世界的な文化交流の時代となった現在、異文化理解がますます重要であることを、これまで述べてきました。では、異文化理解とはどういうことなのでしょうか。異文化理解というのはどういう形でできるのでしょうか。たとえば外国語を翻訳するということがあります。とくに近代の日本人は翻訳された文学作品に親しんできたわけですが、アメリカやイギリスやフランスの小説が日本語に翻訳されて、それを読んで、自分たちとは違った文化や社会があり、そこにはさまざまな人間がいて、いろいろな行動をくり広げていることを知り、共感したり違和感をいだいたりしながらも、そこに描かれた世界を理解することに成功したりしなかったりといった経験をもちます。

異文化を異文化たらしめる要素に、異言語があることは事実ですが、言語と文化は必ずしも全部が一致するわけではありません。言語だけで異文化が理解できるとか、言語が理解できれば異文化が理解できるかというと、そういうものでもありません。

大きな意味で「コミュニケーション」として異文化との関係を捉えなければならないと思いますが、私たちは常に言語的なコミュニケーションと同時に、非言語的なコミュニケーションを行なっていることをまずよく知る必要があります。日常生活で私たちはゼスチュアとか、顔の表情とか、身体的な動きを必ず伴ってコミュニケーションをしています。通常、友人どうしでも家族の間でも会話を交わしている場合には、その非言語的な部分が非常に大きくて、音声だけを収録してそこでの会話を文字化するとほとんど意味が通じないことが多いのです。けれども、言語は生きた形で人々がそれをとりかわすときには、たとえ文法的におかしく、また論理的にも支離滅裂な形であったとしても、実際上のコミュニケーションが成り立つことが多いのも事実です。その場合には、非言語的な部分で意味を補っているわけです。つまりあれがそれがといった言い方で話が進んでゆく場合など、その場に居合せないと何のことかわかりませんし、たとえ居合せても話をとりかわす当事者たちの関係がわからない第三者には何のことかわからないことが多いわけです。

私たちが外国へ行って戸惑うのは、多くの場合、厳密に言葉ができないからというだけではなくて、こうしたコミュニケーションのもつ社会とその文化全体になじみがないからです。習俗や習慣の違いといったことも含みますが、そこには非言語的な要素が非常に多い。泣くか笑うかといっても、どういうときに泣いたり、どういうときに笑っていいのかも、文化によっては微妙に違うのです。

かつて、ソビエトの代表的な作家であったエレンブルグがこんなことを書いていたという記事を思い出します。彼が中国を訪問したときに中国人の家庭に招待されたのですが、その家では親が死んでお葬式を出したばかりでした。そういうときに訪ねてもいいのかと聞くと、どうぞと言う。そこで訪ねたら、そこの主人がニコニコしながら自分たちをもてなしてくれた。親が死んで間もないのにニコニコ笑っているのは、ロシア人の感情としてはさっぱりわからない。これはおかしいと思って不快感を抱いて帰ったというのです。けれども後でこれは中国の習慣で、どんな悲しいことがあっても、外国から客人が来たときにはニコニコしてもてなさなければいけない、そうしないと失礼になると中国人は考えているのだということがわかって、異文化に通じていない自分を反省した、というのです。こういう感情の表し方は、言葉だけではなかなか表現し尽くせないことです。もっとも、中国人がそういう対応を一般的にするのかどうかは確かめておりません。あくまでもエレンブルグの経験の話です。

また、戦後、アメリカのロサンジェルスなどを舞台にしたハードボイルド小説が次々と翻訳されたときに、いわゆるエクスプレス・ウェイといった言葉が出てくると、日本語に翻訳しづらかったという訳者の話を読んだことがあります。というのは、日本には東京オリンピックまで高速道路がなかったからなのです。こちらに対応する物がないので、訳しようにも適当な言葉もなく、もとよりイメージとして日本の読者には伝わりません。大変困ったということです。いまではハイ・ウェイだろうが何であろうが、とくに問題になることはありません。実際はかなり違いますが、日本にもハイ・ウェイがありますから。しかし、高速道路というと何か感じが違う気もします。アメリカのあの広い道路を思い浮かべるからです。ですから、異文化の理解にはいろいろな段階があって、その理解の過程は複雑だということです。しかも、それは言葉だけではなくて、非言語的な部分もしっかりと捉えていかなければいけないし、そこではイメージとか表象も重要な役割を果たすわけです。

コミュニケーションの三段階

文化におけるコミュニケーションについては、イギリスの社会人類学者エドマンド・リーチにならって私は大体三つのレベルがあると考えています(『文化とコミュニケーション』)。

ひとつは「自然」のレベルです。人間は物が飛んでくれば本能的によけるし、寒くなれば衣服を着る、おなかがすけばご飯を食べる。そういうごく自然とよべる状態は、どんな文化を通しても変わらないだろうということです。私たちが世界のどこへ行ってもなんとなく生活できるのは、絶対的な人間の条件はどこへ行っても似ているからです。

どんな異なった文化を持った人々の間でも、ある程度共生ができて、ある程度意思が通じるというのは、人間としての共通の属性を持っているからだということがいえます。

ごく自然的なこととして互いに人間ならばわかりあえるような、誰でもだいたい理解できる形でのこうしたコミュニケーションの段階を「信号的なレベル」とリーチは言っています。

ただ、そうはいっても私には次のようなことも問題としてあるように思えます。日本には象のような巨大動物はいませんが、スリランカに行くと象がたくさんいて、スリランカの人は象に対しては愛着もあると同時に恐怖も抱いています。みだりに象に近寄ってはいけないし、近くに寄っていってフラッシュをたいて写真を撮ろうものならスリランカ人が血相を変えて飛んできます。巨大動物がいる自然環境に育っている人間と、日本のようにいないところでは、自然観がだいぶ違ってくるし、価値観も違ってくると思うのです。ですから、同じ自然環境といっても、必ずしもそう簡単には同一視できないのですが、それでも一応はわかりあえるのです。相手がカーッと怒ったから逃げるとか、普通人間が「自然」に起すような条件反射的なレベルで理解できるコミュニケーションがある。それが異文化理解の最初の段階だと思います。

そして異文化理解の二つ目の段階は「社会的」レベルです。社会的な習慣とか取り決めを知らないと文化を異にする相手も異社会も理解できないということです。

交通信号の表示の仕方を知らなかったら事故を起してしまうし、車を運転するアメリカ帰りの日本人がよくやってしまうのですが、いつのまにか車道を反対に走ってしまいます。右ハンドル、左ハンドルの違いという訳ですが、アメリカやヨーロッパ大陸は左ハンドル、日本やイギリスなどは右ハンドルです。また服装では、いまや洋装を当たり前とする日本人男性にとっていまだにタキシードを着るのは不得手で、普通は持っていない人も多いし、日本国内ではめったに着ることもありません。結婚式のときに着るくらいのものです。ところが、アメリカやヨーロッパ社会に行けば、週末にはタキシードが必要なパーティがあります。礼服の着用だけでなく服装については西欧の社会的な習慣や常識を知らないと間違うことがたくさんあります。これはあいさつの仕方や食事のマナーについても言えることでしょう。

けれどもこうしたことは、例外はあるとしても人間が普通に育ってきて得られる常識のレベルで消化できる理解だと思うのです。どの社会に行っても、一つの社会で培った常識的なことが取得できれば、インドに行こうがアメリカに行こうがある程度は間違いなくやっていける。わからないことでもそこの人に教えてもらってそこの習慣あるいは、社会的な規則を学習すればできるわけです。これをリーチは「記号的なレベル」というわけです。

このように、「自然的な」ことや「社会的な」レベルのことは、普通に育った人間ならだいたい対処できることですが、三つ目のレベル、これは「象徴」というレベルですが、これがまさに文化的な中心部のことで、外部の者にとってはきわめて理解するのが困難な世界なのです。

すなわち、その社会なら社会特有の価値なり、行動様式なり、習慣なり、あるいは信仰がありります。信仰となると、たとえばキリスト教を信じている人には十字架は意味を持ちますが、信じていない人間にとっては何の意味も持ちません。社会のレベルまでは交通信号のようなものですから、その社会で生活する誰にとっても意味を持つことが多いわけですが、象徴のレベルになると、その価値とか意味を共有している人間しかわからないということになります。日本の文化でも、外国人にとってわかりにくいのはだいたいこの部分です。

日の丸が日本の象徴といわれても、どうして象徴なのか、あまり、はっきりしません。それを国旗として象徴としたのは日本人の選択だったと思いますが、普通は外から見れば日の丸と日本という国家の間に何の物理的な関係も論理的な結びつきもないから、それだけでは外部の人には理解できないことでしょう。単なる象徴であり、メタファーです。アメリカ合衆国の国旗が星条旗というのはある程度理屈で説明がつきますし、フランスの三色旗にもはっきりとした意味があります。しかし、国旗とそれで表徴する物質的で地理的な土地をもつ国というものとの関係は、その国の歴史や文化と結びついていて、ただ外から見ただけでは何のことかはよく解りません。その国の固有の価値や理想と結びついているからです。

そのようなことがあらゆる社会で特有の現象としてあって、それについてはよほど周到にそこの文化を理解しないと、別の文化から来た人間にとっては理解できないのです。先に触れたイギリスの社会人類学者は、いま述べたような文化とコミュニケーションの仕組を細かく分析しています。より詳しい分析はリーチの書物を参照していただくことにして、いまこのように両手に触れただけでも異文化を理解していくにはさまざまなレベルがあることがわかると思います。しかも、忘れてはならないことは、「信号」「記号」「象徴」の三レベルは総体として異文化を形づくるということです。この文化の全体性の中にさまざまな要素が組み込まれて、人々の言葉と行動に意味づけをしているわけです。

ところで、Ⅰ・2の章で、強い誘惑性のある文化ということを言いましたが、文化の中にはその特徴をわかりやすい形で世界に広げていく文化があります。たとえば、ヨーロッパ特有のもの、それこそヨーロッパ的な価値である洋服がそうです。日本では着物だったし、インドや中国やタイなど多くの文化にはその文化特有の服装があるわけですが、洋服が世界に広まったのは、近代生活に適合しやすいからです。それとともに近代的なファッションを多様な形で他の文化の者からみても魅力的に映るように発達させたからでもあります。まさに誘惑する文化といえましょう。

逆に、世界に広めていくことを全くしない文化もあります。消滅してゆく文化もあります。それに加えて信仰だけでなくさまざまな面で象徴的なレベルの文化はどの社会に行っても必ずあります。これが異文化理解の難しいところであると同時に、その文化やコミュニケーションにおける象徴のレベルというのが、タイ仏教の経験を述べたところで指摘したように、社会や国の重要な価値を担っていることが多いのです。

象徴レベルを理解することの重要性

近代化は、もともと西欧から始まりましたが、今や世界中どこでもそれをある程度受け入れており、その中での人間の行動の常識も生まれてきました。自動車を使うようになれば道路に信号ができるという具合にルールができてきて、どこへ行っても近代化が及んでいるところでは、共通性というものが一応見られます。

かといって、文化とか象徴というものは消えてはいません。日本は、儒教や仏教の影響を受けましたが、それと同時に神道があり、これは日本人独自の信仰です。近代社会になって西欧やアメリカの文化的影響を強く受けましたが神道は廃れませんでした。それどころか巧みに時代の変化に適応して人々に影響をあたえています。自動車にお祓いをしたり、受験生のために合格祈願を行なったりというわけで、新年には多くの人々が神社にお参りをします。

こういうことを理解しようとすると、日本文化を非常に象徴的なレベルで深く理解しなくてはいけないし、それが現代日本を理解する場合でも非常に大きな意味を持っているのです。天皇制とも深く結びついていることですし、二〇〇〇年にも総理大臣に「神の国」発言がありました。政治的な意味も依然として大きいのです。

一般に、異文化といっても慣れてしまえば同じだと思いがちですが、それは社会的なレベルにとどまっている場合が多いのです。その文化の価値とか象徴を理解するところが異文化理解のひとつの大きな困難であると同時に、大きな課題なのです。

先のエドマンド・リーチも指摘しているように、コミュニケーションが成立するには、Aという人がある種のメッセージを発信して、受け手のBという人がそれをきちんと受信できることが必要です。そのメッセージをどういう形で送るか、これにはいろいろな形があって、直接話をする場合もあれば、手紙という形もある。さらには、過去の遺物がメッセージを送ってくるということもあります。遺跡とか、平安時代に書かれた文章とか、寺院の建築とか、そういうものも現代人にメッセージを送っているわけで、自文化といわれるものの中でも古い昔のこととなるともう異文化とよんでもいい場合があります。異文化のメッセージはいろいろな形で発信されるわけですから、それをいかに受け取るか、理解するか、受容するか、ということが大きな問題です。

その場合に、前述した三つのレベルがあって、共通に理解できる部分と、その文化特有のものとして理解しなければならないものがあるということを、まず前提として考えなければなりません。

異文化理解が非常に困難なのは、その文化に属する人たちにとっては自明のことが、他の文化の人には決して自明であるどころか往々にしてよくわからないということです。

日本人は小さいときから神棚を身近に見てきて、これを当たり前だと思っていますが、外国人が見れば非常に不思議な感じがするでしょう。三種の神器といってもなんのことかわかりません。そういうことは日本文化の中で育ってこないと、理解できないことでしょう。繰り返しになりますが神道的なものは日本の生活と信仰のどこかに常に存在しています。近くには神社もあれば家には神棚もありますし、正月になればお参りに行くし、車を買えばお祓いに行く。日本の現代生活の中に神道的なものはちゃんと生きています。それを外国人が見ればなんのことかよくわからない。現代的な高層ビルのいちばん上に「神社」があって、そのビルにオフィスを構える大企業の社長がお参りをする。これはなんだということになるわけです。それに多くの日本人の家には神棚と仏壇があります。神道と仏教が同居しているわけですが、神仏併存といっても、イスラームやキリスト教の人たちからすればさっぱり解らないということになるでしょう。世界でも珍しい信仰に属することは確かだと思います。タイなど家の中に仏壇があり、家の外に民間信仰の神棚が祀ってある場合がありますが、一般に仏教のような大伝統の宗教が入ってくると、土地の神信仰はその下におかれて民間信仰になってしまうことがアジア各地で見られます。日本のように堂々と神仏併存という形はまずないといってよいでしょう。しかも、神道は天皇制と結びついているわけです。日本人の文化の象徴的なレベルを理解してくれれば、それも重要だということが解ってくるのです。

象徴的なレベルの現象は、その文化の圏外にある人にとっては意味がないということが多いのですが、その文化を共有している人間にとっては非常に有意義なことなのです。神さん仏さんとごく普通に日本人の大半はいうわけです。

文化は翻訳できるのか

では、象徴的なレベルを理解するということ、言い換えれば、文化を翻訳するということは可能なのでしょうか。

先に触れましたように私はかつてタイに行って、バンコクの僧院で半年ほど僧修行をしました。タイという国は一般的にいって仏教社会です。日本社会もおおかた仏教社会です。私がタイの僧院で僧侶になりたいと言いますと、パーリ語のお経を覚えれば得度式を受けさせてくれるのです。どうしてかというと、お前も仏教の国から来たから同じだから受け入れよう、と言うわけです。ところが、アメリカ人とかイギリス人がきて僧侶になりたいと言いますと、頭を剃って、白い衣を着せられて数ヵ月僧院で見習い僧として過ごさなければなりません。白い衣は一般の人間でもなければ僧侶でもないという状態を表わす象徴的な形であると先に述べましたが、僧院では私の師など一度素《す》に戻すことだと言っていました。ほかの宗教の人間を一ぺんどっちつかずの境界状態において、それから改めて仏教徒にさせ僧侶にするという意味があることなのです。

しかし、実際僧院に入ってみると、仏教といっても、タイの場合はテラワーダ仏教ですから、日本の大乗仏教とはだいぶ違います。戒律が中心で、僧侶は完全出家ですし、檀家の制度もありません。戒律を覚えて、頭を剃り、眉毛も剃って、黄色い衣を着て、一般の市民権も放棄して僧侶になる。そして一般の人たちは、僧侶には一段へりくだったところで挨拶しなければなりません。単に言葉だけでなくて、身体的な、あるいは行動の規範からして一般の人たちとは違う文化的コードを持った存在として扱われるわけです。

タイ社会における僧と僧院の役割には、たとえばこんなこともありました。私が二年ほどタイで留学生活をおくっていたころ、一九七三年の秋のことですが、学生による当時の軍事政権への激しい抗議行動が起きて、タノーム首相の軍事政権が崩壊したという事件がありました。そのときに学生たちと警官隊とがバンコクの市街で争闘して互いに死者も多く出ました。政権が代わり、暴動も収まって、国王が出てきて秩序を回復したのですが、かなりの死者が出たものですから互いに怨念がこもっている。そのときに学生の指導者たちと警官隊の指導者たちがどうしたかというと、頭を丸めて僧院に入ったのです。僧院に入るとそこは聖域ですから報復の対象にはなりません。市民権も学生の身分もなくなるけれども、同時に聖なる存在になるのです。そこで修行していることによって復讐とか報復はみんな免れる存在になる。そして、何カ月間かして還俗し、社会へ再び出てくると社会は僧になる以前のことは許し、一段と徳のある人物として扱うようになります。

こういうことがわかると、タイ語で僧侶を意味するプラ(一般の有徳の存在)という言葉を日本語の僧と翻訳してしまうと、タイ社会で僧侶が持つ意味がほとんど消えてしまうことに気づくわけです。ですから、同じ仏教国といっても、仏教の系統が違うことも事実ですが、同時に、その文化の象徴としての仏教の信仰にこめられた意味もかなり違いますから、日本語とタイ語の言葉どうしの単純な結びつけでは翻訳不可能になってしまうのです。

文化の翻訳というのは、一つの文化の象徴的なことをいかにわかりやすく他の文化に伝えるかということが中心であって、必ずしも言葉を逐語的に訳せば理解できるというものではありません。その場合には言語と非言語の両方のコミュニケーションの仕方をあわせて考えなくてはならないのです。タイの僧侶のまとう黄衣がどんな意味をもつのかといったことも含めて。

リーチが言っているように、非常に複雑な理解への段階をふんで文化のコミュニケーションというのが行われているわけですから、それを一つ一つたどることを意識しながら、異文化を理解していく必要があるということです。とくに象徴的なレベルは、私たちが考えている理屈とか常識がなかなか通じない世界であって、通じないと同時に、その文化特有な現象として現われてくる、その特有な現象がその社会では大きな価値を持っていることを理解しなければなりません。これは再三強調したい点です。

速い情報と遅い情報

情報化社会と盛んにいわれていますが、私たちが注意しなければいけないのは、情報には二つのタイプがあるということです。前章の最後に少し述べましたが、それは「速い情報」と「遅い情報」です。情報と異文化理解というのは意外と難しい関係にあるのです。つまり、異文化については常に情報は流れると仮にしたところで、ほとんどの場合、それは速い情報として流れます。特にテレビを中心としたマス・メディアの世界では、アメリカといえば国際的な政治問題が起きるとホワイトハウスがぱっと映されますし、経済となるとマンハッタンの街をゆく人たちといった風景、中国では政治だと天安門、経済だと上海の賑わいなどが情報として流される。しかし、そこで実際どういう政治が行われ、経済が動いているのかとなると、速い情報だけではどうにもなりません。マス・メディア時代に私たちが日常の中で情報として受け取っているのはほとんどが速い情報なのです。実は異文化理解、特に異文化とのコミュニケーションをはかる場合には、遅い情報に注意を向けなければならないと思うのです。

どうして遅い情報かといいますと、先ほど述べたように、それが象徴的なレベルの現象とからみ合って、一見したところでは、その情報の意味がはっきりわからないことが多いからです。即断的に理解できる情報と、その情報の意味を理解するのに非常に時間がかかる情報とが存在するということです。情報を運ぶ手段は非常に速くなりましたけれども、その情報が理解される時間には依然として長くかかるものがあるのです。

プルーストの『失われた時を求めて』という有名な小説がありますが、最近、新たに翻訳されたものを読んでいて非常にわかりやすいと感じました。一九世紀から二〇世紀の初めにかけてのフランスの上流社会のことを書いたもので、これまでにもいくつか翻訳書は出版されているのですが、私自身今回の翻訳で初めてその世界に入ってゆけると思いました。それは翻訳文が大変わかりやすいということもありますが、同時にいまやフランス文化に対する全体的な情報が豊富になったからです。日本がフランスと接触して一〇〇年以上になるわけですが、フランスのいろいろな情報が日本の中に氾濫してきて、異文化としてのフランス文化を理解する土台がある程度整備されてきたからだと思うのです。いろいろな情報の蓄積、あの小説の舞台となったパリやフランスの地方へも気軽に旅行ができるようになったこと、それにテレビなどのメディアがフランス社会と自然のさまざまな面についても日常的に伝えているということがあります。ようやく一般の日本人にとっても文化のメッセージとしてプルーストの小説の背景が伝わる形になったのではないかと思うのです。あの小説は一九二〇年代に完結した(一九二七年最終巻出版)わけですから、約七〇年かかってようやく日本人一般に理解される情報となって現われたといってもよいでしょう。時代小説の人気作家であった故池波正太郎は五〇歳をすぎてから初めてフランスへ出かけて、フランスについてのすばらしいエッセイを遺されていますが、若いときから親しんだフランス映画でフランス文化と社会のことを知っていたので、実際にパリに行ったとき少しも異和感がなかったと書いています。異文化理解のためのいろいろな蓄積があって初めて理解できるようになるという例ではないでしょうか。

つまり、異文化理解に対しては、拙速ということがいちばんよくないということです。遅い情報として受け取るべきものを、現代の人間は速い情報として受け取ってしまう。そこに誤解が生じます。

もうひとつ触れておきたいのは、異文化理解にはいろいろなプロセスがあると言いましたけれど、同時に、異文化理解をするには環境整備が必要だということです。

いま中国は、二一世紀の巨大なパワーとして徐々に姿を現わしてきていますが、日本は中国を本当に理解しているのでしょうか。実のところ中国文化というものは、日本人にとっては非常に遠い文化だと私は思っているのです。中国は石の建物で日本は木の建物だし、食べる物をとっても料理の仕方も食材も大きく違うし、二つの文化は本当に異質なもので、むしろ日本にとっては西欧のほうが近いようなところさえあります。近くにあるから、あるいは昔から交渉があったからといって、必ずしも理解ができるわけではないと思います。ただ、古代からの文化の影響だけでなく、日本が中国と戦争をして侵略をしたことも含めて、こちらの方から一方的に「中国とは」と決めつけてきたことが多く、いざ中国と中国文化、その社会と人間となると、およそ日本と日本人にとっては解りにくいことが多いことに気づくのではないでしょうか。それなのになんとなくわかっているようなことになっている面がありますが、実際問題は、非常にわかりにくい社会、文化ではないでしょうか。北京へ一歩足を踏み入れれば、その「違い」という文化間の距離がはっきりする気がします。紫禁城などの歴史的な建造物だけでなく、長安街などに連なる現代的ビルの巨大さを眺めるたびに、何か大変異質なものを感じてしまいます。ですが人間と出会うと仲良くなり親密感もいだくので、不思議な感じもします。

そういう点で、いちばん最初にお話ししたようなことと重なるのですけれども、日本は中国文化を異文化としてきちんと理解しようと努めたかというと、必ずしもそうではありません。漢字や儒教をはじめ中国文化の影響は大きく、日本にとっての文化モデルでもありました。とはいっても、中国文化をきちんと異文化として見てきたかというと、意外とそういう努力は専門家は別として一般に何もしていないと思うのです。

中国を全体的に本当に理解しなくてはならない時代に、これからますます強くなってくるわけですが、そのときのためにも異文化としての中国をきちんと位置づける必要があると思うのです。かなり時間はかかりますが、中国の文化と社会と人間を知るための授業を中学校ぐらいから設けたり、中国語の学習の機会をふやしたり、大学に総合的な中国研究科を設置したりといった形での異文化としての中国を理解するための環境整備も非常に重要なことなのです。

2　「混成文化」とは

「純粋な文化」というものがあるか

これまで、私自身の経験もまじえて異文化との出会いや異文化とのコミュニケーションの問題点などについて述べてきたわけですが、そもそも、現代世界において、本当に「純粋な文化」というものがあるのかといえば、それは存在しないと言っても過言にはならないでしょう。

アマゾンやアフリカの奥地、フィリピンのジャングルの中などで、これまで外部の世界に接触したことのないような人たちが現れたというようなことが時としてありますけれど、調べてみると、それはその人たちの存在に外部の者がこれまで気がつかなかっただけだということもあります。つまり、近代社会というのはコミュニケーションの世界だということなのです。人間も文化も孤立しては生きられないというのが現実です。

オーストラリア大陸がヨーロッパ人によって発見された時に、先住民であるアボリジニと呼ばれている人たちの存在が関心を呼びました。他の世界から切り離された大陸で、進化論的見地からも、非常に純粋な太古の文化や社会生活がそこに存在しているのではないかと考えられたからです。社会学者のデュルケームなどは、オーストラリアの先住民のいろいろなデータを使って、『宗教生活の原初形態』という名著を著しました。

オーストラリアの先住民の姿というものは、人類の原始的生活のひとつのモデルを示すと考えられたのです。

しかるに発見当時、四〇〇万人以上いたアボリジニは、今では二〇万人ぐらいしかいません。オーストラリアがイギリスの植民地になって、近代化していったのに伴い、先住民の生活は破壊され、人口も減ってしまったのです。それに確かにヨーロッパ人からみてオーストラリア先住民社会は孤立してはいても、メラネシア地域の中では他と交流があったはずです。そういうことから見ても、純粋に独立した文化というのはあり得ないのです。文化というのは、他の文化と接触しつつ変化してゆくのです。

混合文化とか、雑種文化とか、いろいろな言い方がありますが、外来文化を取り入れながら自分の文化を形成しているのがとくに現代の文化ではないでしょうか。交わりながら発展し、形づくられていくという意味で、私はそれを「混成文化」と呼びたいと思います。

ただ、混成しているといっても、たとえば、日本文化は韓国文化とは違うと両方の国において認識されています。つまり、表面的にはたくさん共通項があるにしても、文化というのは独立して違った形で存在するわけです。ヨーロッパの中でもイギリス文化とフランス文化とは違いますし、アジアのいろいろな文化もそれぞれ違うわけです。

そこが興味深いところなのですが、混成するというのが現代文化の条件でもあって、しかもそれが個々の文化の特徴になっているのです。なぜこうしたことが言えるかといえば、それは混成の仕方が、それぞれの文化によって違っているからなのです。その混成の仕方の違いによって依然として文化の固有性が残ることにもなるわけです。異文化を理解するためには、この混成ということを理解しなければなりません。

「混成文化」の時間

混成文化、そして混成の仕方ということについて、文化に流れる「時間」を手がかりにもう少し詳しくお話ししたいと思います。

私はこれまで、アジアのいろいろな文化と接してきましたが、アジアには現在四つの文化の時間が流れていると考えています。

第一に、それぞれの地域や土地固有の文化的な時間、土着的な時間というものがあります。たとえば、日本文化でいえば神道の時間です。神道は信仰であり、宗教でありますが、日本独自の土着的な信仰です。これが現代でもちゃんと生きていて、日本文化には神道という文化の時間が流れています。

二番目は、アジア的文化の時間です。これは、大陸から日本に渡ってきた仏教や、儒教、漢字など、南アジアや東アジアの古代文明に発する普遍的な文化時間のことです。

文化には、グレート・トラディション（大伝統）とリトル・トラディション（小伝統）という分け方があって、グレート・トラディションというのは広く影響を与えるような強い文化、普遍性を持った文化のことです。それに対して、リトル・トラディションというのは、土地土地それぞれの自生の文化、固有の文化のことです。どこの文化も、大伝統と小伝統との組み合わせで文化が成り立っているといえます。

三番目は、西欧的、近代的文化つまり、近代化や工業化を促す時間です。日本人をはじめアジアの多くの人々が洋服を着るなど生活様式の面でも大きな変化を遂げました。近代化は、その程度の違いはあってもアジアの国々にとっての基本的な課題であり、経済発展にともなう都市化や社会生活の変化がどこの社会でも起っています。それまでにないダイナミックな直線的な時間の導入でもあります。これが近代的文化の時間なのです。

土地の時間、アジア的な普遍的な時間、そして西欧によって影響された近代的な時間という、この三つの時間の総和の上に、四つ目の現代的な時間があります。

日本人の生活には以上の三つの文化的時間が流れているわけですが、その三つの文化的時間が混成して新しい形の現代日本文化を創り出していると思います。アジアの多くの国ではそれぞれ混成の仕方はちがいますが、それぞれの国の現代文化の時間を創り出しています。

世界の他の地域の文化も混成的な性格を持っていますが、ここで問題とするアジアの文化にはこの四つの文化的時間が流れていて、この四つが混合、混成して、ひとつの文化を成立させているように思います。

では、どのようにこれら四つの文化的時間が流れているのか、次にタイを例にお話ししてみましょう。

タイには土地の精霊(ピィー)がいると信じられていて、精霊信仰というものが首都バンコクでも地方でもまだまだ盛んです。ピィーには善霊と悪霊とがあって、何か災難が起きるとそれはピィーによるものだという認識がタイの人々にはいまでもしっかりとあります。またピィーを守護霊と崇めもします。

バンコクの王宮広場には、王宮の向かって左側の隅に大きな神殿のようなものが建っています。中にはラックムアン、つまり「くにの柱」と呼ばれる金色の大きな柱が立っていて、その柱に向かって人々は金箔を貼ったりして、お参りをします。この柱は土地の霊が宿る柱であり、生命の柱です。女性がその柱に金箔を貼ったりして祈願をすると子宝に恵まれるといいます。生命崇拝であり、土地の霊の力、くにの柱、あるいはファリック・シンボル（男根崇拝）の一種としてこの柱が存在しているのです。

国王は仏教の擁護者であり自ら仏教修行もされる仏教王ですが、ヒンズー＝バラモン教は、宮廷の行事を司る宗教として残っていて、ヒンズー教でいうところのデーワ・ラーチャ、神王でもあります。国王はこの土地の霊にもお参りします。そこには、土地の霊への尊敬と共に、国王そのものが土地の霊の化身として存在するという象徴的な意味もこめられているのです。

一般のタイ社会は仏教が中心で、ヒンズー＝バラモン教的信仰は一般社会では民間信仰として残っているのですが、王宮では大伝統の文化であり儀式の中心として依然存在しています。と同時に、バンコクでは近代的な文化が広まって、みな洋服を着ていますし、高層ビル群もある。そしてさらに西欧とは違う、タイの現代というものがそこに存在します。このようにタイでは、土着のピィーの時間、ヒンズー＝バラモン教と仏教というアジア的な普遍的時間、そして近代化的時間があり、その総和の上に現代タイ文化の時間があるという、まさに四つの時間の共存をみることができるのです。日本と較べますと、仏教やヒンズー＝バラモン教といったアジア的普遍性を持つ大伝統が大きな位置を占めていることが解ります。

「混成」面から文化を比較する

では、先に触れました日本との比較を簡単にしてみましょう。

日本は、仏教や儒教の影響をいろいろな風に受けてきましたが、神道はきちんと残っていて、決して民間信仰ではありません。民間信仰的な山の神や屋敷神などさまざまな神々を含んでいるのですが、こういう神様たちも神社に奉られて、神道として存在しています。仏教があれだけ強力な普遍的な宗教として日本に入って来たにもかかわらず、神道も存続し神仏習合と呼ばれる形で残っています。しかも天皇制は神道と深くかかわっています。

それに対してタイの場合は、仏教のように非常に強力で普遍的な宗教が入ってきますと、土地の精霊信仰は神道のようにはならず、仏教の下に置かれてしまう。依然として生きてはいるのですが、日本のように堂々と神道として仏教と併存するのではなく、あくまでも民間信仰になってしまうのです。アジア的大伝統の時間はタイと同様に流れてはいても、日本では流れ方が違うということがわかると思います。

近代的時間の面でも日本とタイは違います。自動車というものはもともと西欧で作られたものですが、日本車も世界に大きく進出しています。日本の近代的工業は世界の中でいまや確たる地位を占めるにいたりました。そういうことはタイではまだ起っていません。近代的時間は薄いということが言えるでしょう。

つまりタイは、土地の霊の信仰時間は文化の底部に流れていますが、バラモン＝ヒンズー教の一部と仏教的アジアの普遍性、大伝統というものがかなり濃厚に分厚く中心となって存在しています。そしてその上に近代があり、それからバンコクが表象するような現代があるということがいえるのです。

このことはスリランカなどに行きますと、もっとはっきりしています。スリランカには、仏教、ヒンズー教、イスラーム教、キリスト教という世界の四大宗教が根を下ろしていますが、仏教徒が大半で次に多いのがヒンズー教徒です。しかしそこにも、基底に土着の精霊信仰があります。しかし、やはり大伝統が分厚くその上を覆っています。

そして同時にこの多文化・多民族・多言語社会では、西欧列強の植民地であったために、英語が共通の言語であるなど、西欧化の時間が流れてはいます。コロンボには現代的な高層ビルもあって現代的な時間も流れてはいますが、まだ薄いのです。

「混成度」の問題

このように、混成の各要素はアジアのどこでも見つけられるのですが、文化的な時間の流れ方は各文化によってずいぶん違うのです。各要素の配分の仕方の違いこそが、各文化の特徴として表われているのです。三つの文化的時間をいかに組み合わせて現代文化を創り出すかという点には大きな違いが見られるといってよいでしょう。

四つの時間は、それぞれの文化の中で、その文化に合うように変形されてきました。タイの仏教と日本の仏教とは違うし、タイの近代のあり方も日本の近代のあり方とは違います。同じ西欧化そして近代化といってもアジアの国によって西欧化と近代化の仕方が違います。そして土地の霊の時間も、その流れ方が違います。

ですから文化を見る場合には、その混成の仕方に目を向けていくことが重要なのです。混成の仕方がひとつのシステムとして形づくられて、タイならタイの文化、日本なら日本の文化と捉える必要があるというのが私の見方です。これは中国や韓国など東アジアを見るときにも、重要なことだと思います。

とかく文化というものは純粋なものだと解釈しがちです。しかし異文化と自文化といった場合、これは純粋なものが対立するのではなくて、そこには共通項もあれば違うところもあると見ることが重要です。実際には、現代の文化はみな混合状態、混成状態にあるわけで、この混成状態のあり方を注意深く見ることが、それぞれの文化の理解につながると思います。これはとくに強調しておきたいことです。

3　文化の境界に生きる

現代は移動の時代

これまでは、異文化理解をどちらかというと固定したものとして考えてきました。つまり、人間はひとつの文化を背負っていて、それとは別の文化があり別の文化を背負う人間がいる。お互いに文化が違うことによってどういう問題が起るのか、そしてステレオタイプ的な捉え方で、お互いに誤解し合い、紛争が起ったりする危険があるといった問題について述べてきました。

ところで、現代は、民族大移動の時代であると言えます。

もちろん、人類は有史以来、食糧を求めより快適な土地を求め、仕事の場を見つけるため、さらに政治的迫害から逃れて、動機はさまざまであっても集団移動を行なってきたことは事実です。それ以外にも忘れてはならないこととして、たとえばイギリスは、大量のインド人をカリブ海に移住させて、いろいろな仕事をさせましたし、アフリカからアフリカ人をアメリカへ奴隷労働のために連れてゆきました。日本も東アジアの人々をたくさん日本へ連れて来て強制労働をさせた時代がありました。

近代においてもこのように巨大な政治権力によって、あるいは植民地支配によって、人間の移動は起りました。

また、現代では、経済的理由から出稼ぎ労働者が多く生まれています。経済成長の著しかった一九八〇年代に入ってからは日本にもアジアからさまざまな労働者が大勢来て働いていますし、フィリピンの女性はアメリカやシンガポール、中東などにお手伝いさんとして出稼ぎに行っていて、たとえば香港の日曜日など広場がそうしたフィリピンの出稼ぎ女性で一杯に埋まってしまう現象も見られます。このような移動は、だいたいが経済的な貧困か支配的な権力の強制によって行われ、人々は文化を超えて移動させられ、また移動するわけです。

それ以外にも、移動には、さまざまな形があり得ます。企業の駐在員として他国に行く場合でも、外国留学でもさらに国際結婚も移動と考えられます。

強制や移民、出稼ぎといったネガティブな理由から、婚姻や経済進出のようなポジティブな理由まで含めて、いまは自分の文化を超えて異文化に入っていく時代であり、人類の歴史の中でもかつてない規模で人間の移動が行われていて、人間の移動はまさに現代の大きな特徴になっていると思われます。

そして強制的に移動せざるを得なかった場合でも、ポジティブに移動した場合でも、当事者たちは自文化の中にとどまったり、異文化として相手を見るだけではきちんと生活することは不可能になります。

さらに自分が移動していった先の異文化に適応できない場合もあるし、あるいは適応によって自分の文化を捨てなくてはいけないという場合もあります。日本も旧植民地の朝鮮では創氏改名と称して被植民地の人たちには日本名を名乗ることを強制しました。ごく最近までは日本で国籍を取るときの条件として日本名への改名という規制もありました。

名づけ方を見ても、アメリカにおける日系人の子どもの場合、名字は日本名でも名前は典型的なアメリカ名を名乗っている場合が多いようです。移民の研究をした社会学者が、名前をどうやって選んだかを調べたのですが、移民は自分の子どもに典型的なアメリカ的名前をつけるというのです。タモツ・アオキといえばすぐに移民だとわかるわけですが、子どもにはロバート(ボブ)・アオキなどアメリカで呼びやすい名前をつけるのです。名前ひとつ取ってみても、文化を超えることの苦労がそこには表れています。

ディアスポラというあり方

近年、アメリカやヨーロッパで国境を越えた文化を主張する人々、「ディアスポラ」と呼ばれる現象が注目されています。

その人たちの文化とは自文化でも異文化でもない、いわば脱固有文化を積極的に主張しようという考え方です。ディアスポラとは、自文化にも異文化にもどちらにも属さない、文化の間を生きることによって、それを創造の原動力にするような活動をする知識人のことでもあります。ディアスポラとは、もともとは祖国を追われた古代ユダヤ人の「離散」を意味し、流浪の民の状態を意味する言葉でしたが、ここでいうディアスポラとは、単に流浪ということだけではありません。自分のルーツを失い異国の社会に入って生活する単なる根無し草ではなく、かつて自分が属していた文化や新しく属する文化とは違う新しい文化を発展させ、「創造」していく人々を指します。

これは、文化的な少数者の立場から誰にでも共有できるような普遍的な文化をつくろうとする行為をも含むといってよいかと思います。

芸術や大衆文化の分野などではディアスポラと呼べる存在が多くいます。たとえばハリウッドで活躍する香港の映画監督などもそうでしょう。彼らはディアスポラという立場を逆手にとって、創造的活動をしています。

しかし、固有の文化を持たないということは、個人や集団にとって非常に大きなマイナスであり、一種の欠陥として見られてきたことも事実です。文化のルーツをもたないこと自体、スティグマ(汚名、恥辱)として捉えられる傾向があるわけです。

デラシネという言葉がありますが、これは根無し草のことで、自分の文化をなくしてしまい、浮草のように異文化の中を漂う人たちのことを指しました。こうなったらおしまいだとよく嘲りの対象ともされました。デラシネとは、もっとも、有名な日本の作家のように自らデラシネだという人もいますが、本当のデラシネなら日本にいて仕事をするわけもないはずともいえますが、日本社会にあっても根無し草のように、とくに民族や文化のルーツ意識をもたない存在をさすのかと思います。自らをそのように捉える現代人も少なくないことでしょう。

またコスモポリタンという言葉もありますが、これには行き場のない人たちというような意味があります。ひところ、自国を出てパリに巣くう一群の人たちのことをコスモポリタンと呼んだことがあります。ヘミングウェイやフィッツジェラルドなどアメリカの若い文学者がパリに住んで文学活動を行い、それが「ロスト・ジェネレーション」とよばれて有名になりました。彼らの創作活動にはパリやヨーロッパという異文化環境が必要だったこともありますが、第一次世界大戦後の世界での、自国を離れて外国で暮らすことの意味を象徴することでもありました。コスモポリタンには色々な意味がありますが、一般にはどこへ行っても自分の生活を確立できない人たちのことを指すネガティブな表現として使われました。もちろん自文化や自民族や自国中心主義を批判して開かれた国際性を強調する面でのコスモポリタンにはよい意味もあります。

これに対してディアスポラというのは、むしろ積極的に、どこの文化にもどこの社会的価値にも属さないという立場、文化と文化の狭間、境界に生きるという立場が、グローバル化する社会にとって重要だと主張するものとして捉えるべきでしょう。

ですからディアスポラは、人間が新しい文化を創っていく場合のひとつの大きなきっかけになる存在ではないかとも思うのです。

ディアスポラの場所

ディアスポラが世界文化の担い手として重要視される時代になってきたということを言い

ましたが、ディアスポラが活躍するためには、彼らを受け入れる場所、彼らが活動できる場所が必要になってきます。

二〇世紀の後半、その場所を最も多く提供したのはアメリカです。ロシア革命やナチスによるユダヤ人迫害など、政変、政治的な迫害と経済的なひっ迫によってアメリカに移動してきた人たちが、新天地を得て活動し、アメリカ文化に大きな貢献をしています。アメリカのノーベル賞の受賞者を見るとわかるように、アメリカ生まれの人はむしろ少ないくらいです。中国や日本、ロシア、ヨーロッパの各地からアメリカに渡り、アメリカの大学で研究をしてノーベル賞をとった人は多いのです。ハリウッドやクラシック音楽などの文化的分野もこれらの亡命者たちの活動の場となりました。

一九世紀末から二〇世紀の初めにかけては、フランスのパリがそうでした。ロシアや東欧、またアルジェリアやモロッコなど旧植民地の出身者で、文学的業績をあげている人もいますし、シャガールといった画家も元々ロシアの出身です。フランスは現在でも亡命者や移民を受け入れて、知的な活動をさせています。ロンドンもマルクスをはじめ、多くの亡命者を受け入れて仕事をさせて業績を上げさせてきた場所です。現在でも外国から来た人たちが、ロンドンで優れた文学や芸術作品を生み出しています。

このように、いろいろな理由で祖国を追われ、異文化の中で生活しなくてはならなくなった人々が、それを逆手にとって業績をあげたり、文化を創り出してきたことは注目に値します。「亡命は創造性に寄与する」という人もいるくらいなのです。

香港という場所も、境界都市という意味でディアスポラの活動できる場でした。これまで香港はイギリスの植民地であって、それ故に逆に自由なところがありました。誰もが自由に出入りできますし、自由な行動ができる国際都市という趣がありました。世界に通用する香港映画ができた背景もそこにあるのではないでしょうか。中国の領土でありイギリスの植民地でもあったということが、香港の独特な境界文化をつくりあげていったのだと思います。それが中国への返還（中国による回収）をみて数年たったこれからどうなるかは、異文化理解という点からも大きな関心をもたざるをえません。一方、この点でも日本には問題がありま す。日本は政治的な亡命を受け入れないことを決めています。ディアスポラがいないわけではありませんが、自由に文化の活動ができるとは決してゆかない国であり、社会であることは、認めなくてはなりません。それがこの国の文化を、大学も含めて弱めているとも確かに思える面があります。その面では東京もグローバル都市とはいえないと思います。これはこれからの日本と日本人にとっての大きな課題でしょう。

映画と越境

一九九〇年代末に公開された映画で私が関心をいだいたディアスポラ的な作品に、ピーター・チャンという香港の監督がつくった『ラヴソング』(一九九六年、日本公開一九九八年)があります。香港映画祭で賞を総なめした名作でもあります。

大陸の天津と広東から若い男女が、夢を抱いてそれぞれ香港にやって来ます。香港では広東語と英語ができなければ仕事ができないので、男性は英語学校に通います。そこでその女性に出会って恋に落ちるのですが、実はその男性には郷里の天津に婚約者がいます。結局、広東出身の彼女をあきらめ、婚約者を呼び寄せて結婚します。

女性は、せっかくためたお金を株ですってしまい、マッサージパーラーに働きに出て、そこで知り合ったヤクザの親分と一緒になるのですが、そんなとき二人は再会します。そこでお互いに、熱烈な思いが捨てられないことがわかり、男性は自分の妻にそのことを告白して、別れることになります。香港の返還が間近に迫ったときでもあり、男性の方は友人を頼ってアメリカに行くことになります。

女性の方も、ヤクザの親分が追われて一緒に台北に逃げ、それから転々として、結局ニューヨークのチャイナタウンに落ち着こうとします。そこで不良たちにヤクザの親分は殺されてしまうのですが、女性の方もビザが切れて強制送還になろうとします。移民局の役人によって空港に送られる車の中から、偶然にも自分の好きだった男性が自転車でニューヨークの下町を走っている姿を見て女性は車から逃げ出して追いかけるのですが、ここですぐ二人は再会できません。

それから数年後、女性はニューヨークで中国人の観光客のガイドをしています。男もチャイナタウンのレストランで働いていて、最終的にはここで出会うというわけです。

ストーリーとしては恋人同士が結ばれるかどうかというドラマなのですが、大陸と香港、ニューヨークというのが、実にうまくつながっているのです。

この映画の全編を通じて描き出されているのが、いろいろな境界を越えていく中国人のたくましさです。彼らは境界を越えて自分たちのアイデンティティ探しをやり、最後にはそれを異境の地で見つける。ニューヨークは彼らを受け入れ自由に活動できる国際都市と位置づけられているようです。

もうひとつ、逆に現代日本のディアスポラ的な問題点を感じさせる作品は、北野武監督の『HANA—BI』です。この映画は、東京という都市からさまざまな理由で中年の夫婦が出ていって、日本のいくつかの名所をめぐった末、最後は茨城の海岸で自滅してしまう話です。

一種の夫婦心中という純日本的なテーマが描かれているのですが、ベネチア映画祭でグランプリをとったのは、映画としての作り方が上手いとか、表現が優れているということだけでなく、そこに文化を超えてわかるメッセージがあるからだと思うのです。しかし、ディアスポラ的な文化を創り出すという面からみると、東京はどうもそういう場所でないことがわかります。東京から出た二人を待つのは死だということは何かを暗示しているように見えます。彼らには香港の二人のようにニューヨークが待っていてくれません。ニューヨークには中国系人の生きてゆける場所が、チャイナタウンや中国人社会が、確として存在してもいます。東京の二人は、女性が不治の病にあり、男は犯罪者として追われる身だということもありますが、物語の設定に異国での未来がありません。北野武氏には近作の『BROTHER』があり、これはロサンジェルスが舞台となっていますが、その地は日本から追われたヤクザが死にゆく場所なのです。「ディアスポラ」的な生き方を二つの北野作品に求めるのは話が違うと反論されるかもしれませんが、たまたま観た香港と日本の代表的な映画に異文化理解の面での違いを感じたわけです。

ところでこの二つの映画は、東アジアの代表的な二つの都市を描いているという点でも注目されます。両方とも拠点とした都市を出てゆきます。しかし、一方はニューヨークまで行ってついにハッピーエンドにおわるし、もう一方は国内でさまよったあげく自滅です。東京から出た先には自滅しか残っていなくて、香港からニューヨークへ行ってハッピーエンドになるというのは、都市の文化のあり方としてみても大変興味深く思いました。

東アジアの二大都市に生まれた映画作品としてまた物語として、この二つの映画は都市とそこに住む人たちの性格というものを象徴しているような気がするのです。しかし、いまや新世紀を迎えてこの二つの都市が、これからいよいよグローバルな都市としてディアスポラ文化が育つ場所に発展するかどうかは疑問に思えます。いまの時点であまり希望がもてない気がするのは残念なことには違いありません。しかし、そのような文化的な場所として発展することが二つの都市に課せられた大きな課題のように思います。私の敬愛する友人W博士は、いつも自分は「チャイニーズ・ディアスポラ」だと言っています。台湾人の両親のもと北京で生まれ、台湾の大学を出てオーストラリアの大学で博士号を取り、ハワイで研究員を長年つとめた後、香港の大学の教授となりました。そこを定年前にやめて、いまはハワイに住んで研究活動をしています。しかし、このW博士は香港での、アメリカのハーバード大学との共同研究会の後のパーティで、アメリカ人の研究者からカラオケで歌うことをすすめられたとき、「儒教学者はそんなことはしない」と言ってことわりました。私はそれを見てとても興味深く感じたのです。いろんな人がディアスポラの中にもいるということでしょう。文化の象徴的レベルを理解しないと、その人物のこともわからないということかもしれません。

文化を制するものは世界を制する

異文化理解は、これまで見ましたように現代においてはいろいろな複雑なしかけの中で捉える必要があるわけですが、とくに国境を越える、文化の境を越えて行くという現象は注目すべきものです。

そういうことを可能にするためには、世界の大都市が、より文化的に開かれた積極性を示す必要があります。それには、グローバル都市の境界性というものをどれだけ具備するかということも、その条件となると思います。

私は以前「文化を制するものが世界を制する」という短いエッセイを書いたことがあるのですが、文化というものが世界に通用する形で表現されないと、結局経済も政治も上手く行かないと思うのです。現代ではさまざまに異質な文化をもつ人々が集まらなければ、その都市は没落し、生き生きとした創造的な活動は消え、ひいてはその国までも傾いてしまうと思うからです。

アメリカの文化と経済があれだけ栄えているのは、アメリカでつくられるものは、ディアスポラ的なものを巧みに吸収して、世界のどこにも通用する開かれた文化的メッセージを送ることができるからでしょう。

そこには、アメリカ的な切り口もあると同時に、日本的なものも、中国的なものもある。さまざまな異質な要素を集めてつくるから、世界中の誰もがアメリカ文化に親しみ、またハリウッドの映画を見るのです。

アメリカの発するメッセージは、世界に通用する個々の文化を超えた最大公約数的な文化的な要素を持っているからでもあるでしょう。アメリカ文化、ハリウッド映画を批判するのは容易でもありますが、この点を忘れるわけにはゆきません。

最後にもうひとつ触れておきたいのは、いまの世界では、異文化同士のきしみとか対立、紛争などが起って、世界各地でナショナリズムが非常に強くなっています。ディアスポラ的なものが強く発信されていても、片方でそれを押しつぶすような動きが強く出ているのです。

一九九七年七月に香港が中国に返還されましたが、そうなると境界都市香港も中国の文化と国家の中に含まれて、これまで持っていた境界性というものはある程度損なわれてくるのではないかという危惧があります。「一国二制度」とは巧みな政治的表現であり施策ですが、今後どうなるのか。中国本土が香港化する方が早いという説もありますが、私には「境界都市香港」の魅力は捨て難い貴重な東アジアの存在に思えます。

中国側から見れば香港がいわゆる「中国化」するのは当然のことですが、外部の者にとっては、中国でもない、イギリスでもない、中間的な境界性が香港の魅力だったわけです。そういう場所が、いまやアジアから失われていく傾向が見られます。『ラヴソング』の二人のようにアジアの都市から抜け出してニューヨークで結ばれるというのも、残念な気がします。

4　自文化と異文化

伝統文化の破壊と喪失

私は一九六五年以来、毎年のように東南アジアをはじめさまざまなアジアの国や地域へ行っていますが、この四〇年近い時間の流れの中で、とくに気になることは伝統文化的なものが急速に失われてゆくことです。それは激しい発展と開発の結果、古い文化が破壊され失われつつあることです。そしていまや、グローバリゼーションの結果、どの都市を見ても同じような風景が拡がるという文化的な画一化の波に洗われていることが、端的に示しています。どちらかというと、古い文化を持っているところほど、その画一化現象が進行しているように思われます。

シンガポールに行っても、三〇年ほど前に私が初めて訪れたときには古い中国風の町並みや市場、商店街があったのですが、この三〇年の間に、一部保存してある若干の建物を除いてほとんど高層ビルに変わり、失われてしまいました。日本でも古い町並みなど日本の伝統を示すような要素は、少なくとも大都市の表面からはほとんどなくなってしまいました。経済発展の中で自文化固有のさまざまな要素が破壊され見失われてしまうのは、アジアの文化の宿命と言っていいかもしれません。

アジアには、いうまでもなくヨーロッパともアメリカとも違う、古い多様な文化がありま す。すでに指摘しましたように、その古い文化には、土着文化とアジアの共通文明的な要素、近代的な要素などさまざまな文化要素が含まれていたのですが、近代化と工業化、そして開発発展のために、古いものが平気で破壊されるようになったわけです。近代化が目標になった以上、どこの国や社会でも大幅に西欧的な近代文化を採り入れざるをえず、そのためその国や地域の文化的な伝統に対する破壊とか、伝統を失うということが非常に目立つことになりました。

特に第二次世界大戦後に、経済と社会の近代化と発展が大きなうねりになって押し寄せる時代になると、古い伝統文化の破壊はますます進行しました。それで日本の都市の風景もがらっと変わってしまったというわけです。シンガポールも香港もそうでした、中国の都市もいまや大幅に変わりつつありますし、インドでも経済発展が進んでいけば、多かれ少なかれ香港やシンガポールと同じような現代都市を築いていき、変わってしまうように思います。ムンバイ（旧ボンベイ）などに行きますと、その予兆を実感します。

そのように伝統文化を失い、文化の様相が急激に変わってしまう中で、最近になってアジアの国々では自文化をもう一度見つめ直そう、検証しようという、「自文化の発見」が大きな課題として浮上してきました。

ノスタルジーから自文化へ

日本では一九七〇年代に「ディスカバー・ジャパン」という旅行キャンペーンがあって、かなり大きな反響をよびました。国鉄（当時）の観光キャンペーンというだけでなくその背後にはやはり、日本という国をもう一度見直そう、都市ではほとんど失われた日本固有の文化を捉え直そうという衝動が、大きくあったように思います。

そうした衝動を社会学では「ノスタルジー」と言い、一般に、社会はノスタルジーを共有することで統合性を確保し強化すると指摘されてもいるのですが、当時の日本の戦後復興から新しい発展へという掛け声の中で、「ディスカバー・ジャパン」は六〇年代後半から八〇年代初めにかけて大きな観光・文化運動ともなりました。七〇年代から八〇年代にかけては、消費社会化が進展し、情報化と国際化が始められた時代ですが、一方で、人々の気持ちの中にノスタルジーへの傾きが出てきた時代とも言えるでしょう。

その当時の日本よりも複雑な形で、伝統と現代の狭間に置かれているのが現在のアジアの国々であり、また文化なのですが、今、その「ディスカバー・ジャパン」的な衝動が、シンガポールやタイ、マレーシアで出てきたように思われます。

たとえばシンガポールでは、一種の「ふるさと探し」の熱が高まっています。先に述べたようにシンガポールは全体が高層ビル化し、以前にあった文化的なものがほとんど見失われてしまっているのですが、発展するシンガポール以前、特にイギリス植民地になる以前のシンガポールの村とか自然の状態、暮らしへの関心がかなり高まってきているようです。

シンガポールは、強烈な「未来志向」を持つ社会で、全体としては過去を振り返ることはほとんどないように見えます。シンガポールは一九六〇年代半ばにマレーシアから独立したのですが、そのマレーシアとも違い、この国は過去に特有の文化の伝統があったわけではなく、その歴史の大半は植民地史ですから、未来志向に純化せざるを得ないわけでした。そのことがまた、アジアの新興国群の中でも都市的な発展の面で群を抜いた存在になる原動力になっていたのです。しかし、そのシンガポールにしてさえふるさと探しが始まっているというのは、シンガポール社会がすでに未来志向だけではやっていけず、ノスタルジーを無視できない段階に達したということだと思います。もっとも、シンガポールの歴史博物館を訪ねますと、そこに展示されているのは中国文化に属するものが大半を占めることに気づいたりもします。これは文化的に複雑な感じを与えることでもあります。

強烈な未来志向の社会がノスタルジーからふるさと探し、アイデンティティ探しに向かった例では、アメリカが典型的です。アメリカも近年、初期の移民の姿を博物館の中に保存したり、ウィリアムズバーグのように、アメリカ最初の憲法ができた町を観光地化して保存することに非常に熱心です。ウィリアムズバーグ・サミットも記憶に新しいですし、世界人類学民族学学会もそこで開かれました。新しいアメリカ国家の文化的なシンボルとしようという動きがあるようです。

近代化の過程が長く続き一定の発展段階に達すると、必ず自文化へのノスタルジーが芽生え、改めて自文化に対する関心が強まります。開発を急ぎ開発計画に熱中しているように見えるアジアの国々ですが、いずれ各地でふるさと探しが始まり、「自文化の発見」がその社会の主要なテーマになる時代も必ずやってくると思います。

自文化を通して異文化に到達する

「自文化の発見」を、単なるノスタルジーと片づけるわけにはいきません。それが自分たちのルーツ探しや自文化に閉じこもってしまうということであるならばあまり積極的な意味がありません。とくに警戒すべきことは、「自文化の発見」が偏狭なナショナリズムに向かい、「自文化中心主義」に陥ることです。二一世紀の世界にも、この傾向は多くの地域で見られます。「統合」を目指すヨーロッパにも、オーストリアの異民族排斥のハイダー氏の動きや、イタリアの排外主義を掲げる右派の動きが見られます。最近(二〇〇一年)成立したイタリアの内閣にはそのような主張をする党派の人たちが閣僚となりました。「異文化の理解」と「自文化の発見」の危険な綱渡りが、地球のあちらこちらで見られるのです。これらの動きに注意を怠ってはならないと思います。

そういう情況を一方で見ながら、私はここに強く自文化を通して異文化理解に到達することが重要なのであると主張したいと思うのです。

日本文化も、近代以前を考えれば、日本とアジアが今とは違った形でつながっていたことが見えてくるはずです。シンガポールなどアジア諸国でもまったく同じです。現在のように国家として独立してお互いに違うと主張するより、むしろ文化的なつながりが重要な時代があったと言えるのかもしれません。日本でも現在盛んに海洋国家について議論されていますが、それとは別に、『海上の道』と柳田国男が呼んだように、以前からヤポネシアとか海上交通が中心だった時代の文化的なつながりも重要だという指摘があります。そういう視点で見ていくと新しい形の文化の交流や地域交流が見えてくると思います。その意味で、自文化の発見とは、ほかの文化との多様なつながりが見えてくることでもあると思うのです。それは現在の各国との文化交流にも役立つのではないでしょうか。

異文化理解にはいろいろな方法がありますが、異文化の理解から自文化の理解に至るという方法もありますし、また自文化を発見して異文化へ到達する、というやり方もあるわけです。多くの場合、世界の文化はどこかで互いに影響しあいながら形成されていますから、特にアジアのように歴史的に古い地域ではどこかでみな交渉しあっているはずです。そのとき自文化を発見するとは、異文化との交流を発見することにほかなりません。日本文化についても遡っていけば、中国との関係もはっきりしてきますし、朝鮮半島との関係も近代とはまた違った形で見えてくるでしょう。

先に指摘したように、近隣国の中国や韓国を「異文化理解」の対象として正面から捉えるという視点を、近代日本は持つことができませんでした。もちろん、それらの国の歴史と文化の研究は盛んにされましたが、現在的な強い関心から「異文化」としてとらえる視点は、いまだにはっきりと示されているとはいえません。私の世代では中国語も韓国語も、一部の専門家を除き、まともに学習する機会は学校で与えられませんでした。それらの国や社会で、人々がどのように暮らし、何を喜び、何を悲しみ、どのように人生をおくり、何に価値を見出すか、といった観点から「同時代人」としての中国人や韓国人を見つめようとする努力は、戦後の日本でも近年にいたるまでほとんどなされないできたといってよいのです。これは不幸なことでした。私たちにとって「異文化」といえば、ヨーロッパやアメリカを指すといってよかったのではないでしょうか。もちろん、中国や韓国の文化は私たちの文化と言葉も生活習慣も大きく異なっています。その違いを正しく見ようとはしなかったのが、いま大きなコミュニケーションの困難を生んでいます。何よりも「異文化」としてとらえることを通して、中国や韓国など近隣国との関係を正しくとらえ相互理解に導く基礎ができることと思います。中国語と日本語のひびきの違い、その美しさを互いに味わうことから、異文化理解を通してこの相互信頼への道が開かれるものと考えます。これは時間のかかる気長な努力をしなければならないことですが、教育も含め日本社会が全体として取り組む大きな課題だと思います。そうした「異文化理解」を通して、また「自文化」も見出され、日・中・韓のつながりの深さも認識されることになるのではないでしょうか。

また日本は、もちろん日本文化という一つのまとまりとしてあるわけですが、同時に日本列島が南方や北方からきた民族や文化の集積地で、吹き溜まりの文化ということもできます。その吹き溜まりが、どのような形の吹き溜まりなのかということをほじくり出していくと、アジアだけでなく世界との結びつきがいまよりもはっきり見えてくるのではないでしょうか。つまりは自分の文化というものを見つめ直すことで、異文化との結びつきや共通性を発見して、異文化理解の大きな目的の一つである、現在の自文化と現在の異文化との間のコミュニケーションを図るための手がかりが得られることもあると思います。

自文化の中に異文化を見る

「自文化の発見」にはもう一つ、自文化と思っているものをもう一度異文化として捉え直すという意味もあります。

シェークスピアの文章は若干のいいまわしや古い表現を除けば今のイギリスの中高生ならそのまま読めると言われていますが、日本語は違います。単語や文体や表記法、字体も様変わりしましたが、日本の王朝時代の書物はもちろん、明治以前に書かれたものは、大人でもいまやなかなか読めないものになっています。それだけ違ってしまったものは、すでに一種の異文化と言っていいと思うのです。同じ文化だという思いこみで対すると、その過去の日本文化を正確に理解できず、ひいては現在の日本文化についても誤った理解に到達するおそれがあります。過去の書物の正確でかつ面白い読み方は、それらに対してきちんと異文化として対するところから始まるような気がします。

同様に、日本の過去の文化全体に対しても、異文化理解という視点からもう一度見つめ直す必要があると思います。日本の古代や中世と現在では、言語や制度や基本的な文化要素もかなり違います。文章同様、過去と現在とを安易に連続的なものとして捉えることは、自国の歴史や自文化についても正確な理解に達せられない部分があるのではないでしょうか。

文化交流の重要さ

ここまで、アジアの国々で「自文化の発見」への関心が高まっていること、「自文化の発見」には異文化理解への回路もあることを述べてきました。最後に、そうしたアジアの国々に共通した意識を、文化交流の枠組みとして結実させる必要があることについてお話ししたいと思います。

一九九八年から九九年にかけての二年間、ASEAN（東南アジア諸国連合）の九ヵ国（現在一〇ヵ国）と日本の間で、対等な関係において文化交流を進めようという多国間の政策プロジェクト成立に向けた努力がなされました。これは、日本の政府が提案し、ASEAN首脳が受け入れた、本格的な文化交流を行おうとする初めての共同政策で、当時の日本を含めた一〇ヵ国の官民代表二〇人の討議により、一九九九年四月に文化交流のための行動方針を出しています。行動方針の項目は「文化的あるいは知的対話を積極的に進める」、「文化的伝統の継承を図る」、「相互に文化に対する理解の促進と知識の開発を行う」、「メディアと情報の普及」などですが、実は、こういうことを東南アジア諸国と日本の一〇ヵ国で一緒に考えたということがいちばん画期的なことでした。日本とタイとか日本とマレーシアとか二国間ではあったのですが、それぞれ文化も民族も言語も地域も違う多国間での、平等な立場に立っての文化交流であり、しかもそれが日本政府の提案で実現したのは大変意味のあることだと思います。何と言っても日本は、対外文化政策では先進国の間でもじつに乏しい経験しか持たない国でしたし、ほとんどないといってもよいような本当に貧しい政策しか実行してきませんでした。これは大変恥ずかしい話でもありますし、「顔のみえない日本」などと言われる原因にもなっていると思います。

それはさておき、文化に関するアジア諸国の共通意識と「自文化の発見」に関連させて言いますと、行動方針に「文化的伝統の継承を図る」と盛り込まれていることからうかがえるように、東南アジアと日本の一〇ヵ国にとって、この文化交流のモチーフの一つも、ある種のふるさと探しやノスタルジーにあります。

どうしてASEAN諸国と日本が文化交流をしなければならないのか、それなら、オーストラリアなどを加えてもよいのではないか、といった意見もASEAN側から当初出されましたし、ASEANと日本をどう共通の枠の中に収めるかなどについては、やはり議論になりました。もちろん、日本とASEAN諸国は経済的な関係は非常に緊密ですし、いわゆるアジアの経済危機などでも日本の役割が非常に期待されたわけですが、これまで経済関係以外はほとんど交流がなかったといってもよかったからです。実際、ASEAN代表の中には「ASEANは東南アジアとしてまとまっているが、日本は東アジアの、しかも近代化に成功した国ではないか。文化的課題も、問題意識も異なるわけだから、共通の取り組みは難しいのではないか」と言う人もいました。

しかし、「そうは言うけれども、近代以前のアジアを考えると、東南アジア諸国は日本と非常に似ている。中国あるいはインドという大文明の周辺にあり、日本にしてもASEAN

のタイやベトナムにしても、中国という大文明国に朝貢したり、大文明の影響をうけながら自分たちの文化を築いてきた国である。ほかにも神話や自然崇拝、家屋の建築様式（高床式）、生活様式などで多くの共通点があるのでは」と指摘すると、次第に東南アジアの人たちも「確かにそうだ」と納得してくれるようになりました。

特に話題になったのは、古代大文明国の中国やインドとの関係です。日本もＡＳＥＡＮ諸国も、中国文明やインド文明の裾野にありました。特に大帝国であった中国との従属関係を持たざるを得なかったという点では一致しています。日本の場合、近代のこの一五〇年近くの間はその関係が変容していたわけですが、いま新世紀になって改めて中国とインドが台頭してくる中で、かつての「周辺国」仲間としての文化的な連帯は非常に重要だということでもあります。日本とアジア諸国の文化交流はさまざまなレベルで盛んに行われる必要がありますが、文化交流を行うに際しても異文化理解を基本に据える必要があります。それができたとき、これまで忘れられていたような共通点も、また意外な相違点も見出せることでしょう。

こういう議論もノスタルジーというか、ふるさと探しの一つだと思います。「自文化の発見」を行なっていく過程で異文化に出会う経験は、日本人にとってアジア諸国との文化交流の中でも得ることができます。私自身日本代表の委員の一人として参加させていただいた多国間文化交流の枠組みを作ることは、そういう意味でも非常に興味深い経験でしたし、今後プロジェクトを実行に移す作業によってさらに深い自文化と異文化との双方向的な関係ができるものと期待されます。

そして今後プロジェクトが進展していくうちに、さらに東南アジア諸国と日本の文化的なつながりが明らかになっていくでしょう。日本と東南アジア一〇カ国の間の文化交流の多国間的取り決めの提案の中には共通テキストの作成があります。これは実に複雑でぼう大なエネルギーと知識と、寛容な相互理解の精神を必要とする作業ですが、それは日本も国家的な事業として取り組むに値する国際的協同文化事業だと思います。そうして、一一カ国間の文化的つながりを見出し、交流を強化することで、お互いの理解に向けた道筋をつけていく。そういった多国間の共同作業の中に、二一世紀の世界へ、「文化対立」そして「文明の衝突」論を超える可能性を示すことにもなると思います。

あとがき

「異文化理解」については、この本で触れることのできなかったさまざまな問題がまだあることと思います。この本で私が目的としたのは、第一に異文化を理解するということが現代では普通の日本人にとってもごく身近な日常的なこととなったという現実の中で、異文化にどう対すればよいのか、この問いについての基本的な問題点について述べてみよう、ということでした。

これまで私が異文化について経験してきたことと、文化に関心をもつ研究者として考えてきたことを中心に述べましたが、異文化についていま何か言おうとすると問題はいくらでもでてくる気もいたします。この本では私の限られた知見の範囲の中で重要と思われたことについて論じたにすぎません。いわば、問題や疑問は異文化と接する人の数だけあるといってよいかもしれません。

それにしても、今年(二〇〇一年)は年明けから異文化関連の事件のニュースが大きく報道されました。その一つは、インドネシアで大手食品会社の「味の素」の現地法人会社が、その製品「味の素」の製造の過程に豚の酵素を使っていると告訴され、現地法人の日本人社長が逮捕された事件です。インドネシアはイスラーム教徒中心の国で、現大統領ワヒド氏も熱心なイスラームの指導者です。イスラーム教では豚を食べることを厳格に禁じています。以前トルコで聞いた話ですが、トルコもイスラーム教徒中心の国なのですが、この国のイスラーム教徒たちはあまり戒律に厳格ではなく街でもお酒を飲む人たちをよくみかけます。しかし、トルコの友人の話では彼らは絶対に豚は食べない、それがイスラーム教徒としての彼らの証しであり、誇りなのだ、ということでした。お酒は飲むが豚は食べない、外の者にはよくわからない理屈かもしれませんが、時として酒を飲むトルコの人たちにとっては大変重要な生きる上での要諦であるにちがいないとも感じます。

世俗的なイスラームの国といわれるトルコらしい話ですが、戒律に厳格な人たちも多く、インドネシアでのような事件が起ればどうなるかわからないとも思います。インドネシアもアルコールには比較的寛大だといわれていますが、私のインドネシア人の友人は人の前では絶対にお酒は飲みません。「味の素」事件はどうやら収まったらしいのですが、長年この国で企業活動を行なってきた会社としてはあまりに異文化対策が疎かであった、と批判されても仕方のないことではなかったでしょうか。とくにスハルト体制が崩れてワヒド政権ができ、インドネシア各地で宗教・民族紛争が起きるなど社会全体の価値観が混乱しているとき、これまでとは違った宗教的な反応が起きることを当然予測して活動を行う必要があったはずです。この事件の当事者は地元から「日本は我々の社会のことを何も学ばないのか」という反応がでてこないか心配だと話しているそうですが、まさに異文化・異社会についての初歩的な理解をかまけた企業行動が引き起した事件であった、というべきことでしょう。

日本にある本社では単に触媒に使っただけなのになぜいま問題になるのか解《げ》せないと言っていると新聞にはありましたが、この本社の反応には国際的に活動を展開する企業としての基礎的な心得、あるいは問題意識が欠けています。それにこれまでと同じにやって来たのにどうしてと言いたげですが、昨年九月にインドネシア当局から豚の酵素が使われていて不適切と指摘されたのに明確な対応をしていなかったことも明らかにされています。「触媒に使うだけなのにどうしてなのか」という捉え方も会社側にはあるようですが、これもとんでもない間違いです。イスラームの人たちの中には豚の肉を食べると聞いただけで吐き気をもよおす人もいるくらいなのです。日本人でも猫の肉を食べると聞いて気持ちが悪くなる人は多いでしょう。それは単なる食習慣の問題だけでなく文化の問題であり「ペットは食べてはいけない」という現代的な信仰の一種からきているといえることかもしれません。イスラームの人たちは信仰上の戒律として豚を食べるなと、生まれてきたときから言われて育ってきているのです。このことを深く考えて異文化に対して細心の注意をもって対することが改めて求められていることを「味の素」事件は教えてくれました。「味の素」は東南アジアのみならず世界で最もよく知られた調味料の一つです。一九六五年に初めて私がタイとフィリピンに行ったとき、街のレストランのテーブルには「味の素」が置いてありました。もっとも人々から親しまれている食卓の友といってもいいでしょう。それなのにこの事件、まことに残念でなりません。あの味はアジアのどこでも愛されるのにどうして、と思わざるをえないのです。

さて、もう一つの事件は日本国内で起った事件です。やはり今年の春に富山県の小杉町で起った、何者かによるコーランの破り捨て事件です。この事件を重大なイスラームへの侮辱と感じた日本にいるイスラームの人たちは小杉町や東京で抗議集会を開くなど、抗議運動を起しました。コーランを誰がどんな理由から破棄したのかわかりませんが、自分にとって宗教や信仰上のもっともたいせつな神聖なものが破り捨てられていることを知ったらどのような気がするかは、本来誰にもわかるはずのことです。誰かよほどイスラームを憎む者の仕業なのかどうか判りませんが、グローバルな人と文化の交流の時代に大変心のない酷いことをしたものです。

中東やインドネシアなどのイスラーム圏で働く日本人も多く、また観光客も大勢それらの地域を訪ねます。それにイスラームは世界宗教ですから、世界中どこにでもイスラームの人たちは存在しています。それこそ日本人にたいするイメージがこの事件によってステレオタイプ化して、イスラームの人たちの間で反イスラームと映るようにでもなったら困ります。海外を旅行する日本人にどんなことから危害が及ぶことになるかもわかりません。異文化間においてはごくささいなことが大きな誤解のもととなり、折角うまくいっていた友情や人間関係、さらには国際関係まで損ないかねないのです。ましてや信仰上のもっとも重要な書物のことです。これは異文化理解以前のことと言ってもいいかとさえ思われますが、改めて異文化理解の重要性とその身近な必要性を感じさせる事件です。

イスラームは日本人にとって最も理解し難い遠い宗教などとも言われ、その中心地、メッカのある中東地域もアジアともよべない遠いところだと言われたこともありました。こんな思い込みほど危険なこともありません。イスラームのひとたちが世界で一番多く住んでいるのはインドネシアとマレーシアのある東南アジア地域です。それに日本にもイランをはじめ中東からも沢山の人がきています。イスラームを知ることは私たちの日常生活においても欠かせないことになってきました。日本のエネルギー源である石油の大半が中東のイスラーム圏からくることもよくよく考えておかなくてはなりません。イスラームのことと言っても、その宗教的な教えについて普通の人が専門的な知識を持つ必要はないと思います。ただ日本では一般的に言って、学校教育の中に宗教についての知識を教える機会がほとんどないように思われます。世界にどのような宗教があってどのような教えをもち、信仰する人々はどういう生活をおくっているのか、といったことについての知識を常識としてもたせるような教育は、最低限、初等・中等教育のレベルからする必要があります。例外はあるにせよ、現代日本の教育に宗教が欠けていることは大きな問題であることに違いありません。私は何よりも異文化教育として宗教教育を学校教育の中にきちんと位置づける必要があると思っています。

これを記している日の朝にも、新聞はウクライナを訪問したローマ法王に関して、ローマン・カトリックとロシア正教系ウクライナ教会との和解を訴える法王に対して、ウクライナでは二つの文化の間に火花が散ったと報じています。ウクライナはロシア正教系中心の東部とカトリックの強い西部とに分かれていて、その間の地域対立も歴史的に根が深いといわれています。ロシア正教系とローマン・カトリックに大別されるウクライナですが、この他に少数派の独立系正教があり、また東方帰一教会(ウクライナ・カトリック)もあります。文化的に実に複雑な国であることがわかります。「和解」を訴えるローマ法王に対してロシア正教系側は「カトリックの拡張主義」と反対しているとのことです。私がこの記事にとくに関心をいだいたのは、この四月下旬リトアニアのヴィリニスで行われた「文明の対話」国際会議に招かれて出席したとき、ウクライナのクチマ大統領も出席して基調講演を行い、「文明間の対話」の重要性を熱心に説いた姿を思い出したからです。「文明の対話」会議に大統領が出て演説をする国に興味をもちました。ウクライナの文化対立の今後を見守りたいと思います。

宗教・言語・民族・地域が複雑に絡み合う「文化対立・紛争」は世界各地で起きていますが、本文の中でも触れたように満足な解決に至ったところはほとんどないのです。「和解」を、と言えば「拡張だ」と応ずる。こうした繰り返しの中で、ある日テロ行為が行われ、人々の貴重な生命が失われ建物が破壊される。世界はこれまで、こういう成り行きを嫌というほど見てきました。異文化理解と他者との交流。この問題をもっと深く認識すべき時代、それこそ二一世紀であると思われてなりません。

異文化理解と他者認識とは一方的な受け身の課題ではありません。自文化と自己についても異文化と他者に理解してもらう必要があります。世界は絶え間のない「ひと・モノ・情報」の交流の中にあります。理解も認識も相互的に行われなくては意味をなしません。

現在、私は政策研究大学院大学において「文化政策」の研究と教育を担当していますが、とくに「対外文化政策」について、この二年ほど研究をしてきました。いわゆる「先進国」のなかでは、イギリス、フランス、アメリカ、ドイツなどとくらべて、日本はまことに貧しい対外文化政策の国でしかないのが世界から見ての現実であり、ブリティッシュ・カウンシルや日仏会館、アリアンス・フランセーズ、ゲーテ・インスティトゥートまたアメリカ文化センターなどに匹敵する対外文化機関を設けていません。国際関係や国際政治においても文化のはたす役割の大きさが指摘される現在、この日本の対外文化政策の貧困はまことに残念でなりません。世界第二の経済大国が泣くというものです。日本の孤立や日本《ジャパン》パッシングなどと言われる前に、何故もっと本格的に「日本と日本文化」について世界の人々によく深く知ってもらうための努力を国も政府もしないのかという素朴な疑問を、ヨーロッパやアジアで対外文化政策と対外文化機関の国際比較の実態調査研究に携わりながら感じました。

日本経済と較べればかなり小さい経済国といわれる、アメリカを除く他の先進諸国は、日本の何倍かの予算をかけて対外文化政策を熱心に行なっています。たとえば、ドイツのゲーテ・インスティトゥートなど、世界の一〇〇カ国以上に二〇〇カ所以上の文化センターを設置して対外文化活動を行なっているのです。日本の対外文化機関である国際交流基金は二〇カ所足らず、しかもそれらは文化センターではなく事務所にしかすぎません。この事務所はロンドンなどでお訪ねになればわかりますが、イギリス人も日本人も簡単に入れてもらえるところではありません。そこは事務所であって文化センターではないのです。他に日本語教室なども開いてはいますが、とてもドイツが設置している文化機関などに較べられるものではないのです。ロンドンのゲーテ・インスティトゥートを訪ねますと、日本人であろうが誰であろうが自由に出入りのできる開放性に、強く印象づけられずにはいられません。しかもドイツ文化・ドイツ語の一方的なイギリス向けの宣伝機関ではなく、現代イギリス文化とドイツ文化との積極的な交流を目的として活動するという明確な文化戦略をもっての、幅広い活動の仕方に感銘をうけました。その背後にはEUとイギリスとの文化関係を促進させる、それもフランスと組んで行うという大きな枠組みでの目標があるとのことでした。

ハーバード大学ケネディ行政学院院長のジョセフ・ナイが言うように、現代は国際政治・

国際関係においても「ソフト・パワー」が重要になった時代です。軍事力や経済力で相手を従わせようとすることには限界があり、グローバル化と情報化の今日、世界は魅力のある文化を開かれた形で広く示すことのできる国や社会を中心として動くようにもなっています。この傾向はますます強まることはあっても弱まることはないように思います。

もっとも、注意しなくてはならないことは「対外文化政策」は政府や地方自治体などが行う文化行政だけではないということです。NGOやNPOの活動も大変重要ですし、個人の行動も実に大きな意味をもっています。公的機関の行う文化政策と非公的機関の行う文化活動、それに企業の文化活動、そして個人の行動もふくめた全体的な取り組みが、いま必要とされていると思います。どうすれば効果的な実のある文化政策が作られ実行されるのか、どのような形の文化活動をすればよいのか、皆が立場を問わずに自由に創造的に考え、立案し、実行する時代になったといえましょう。私たちもいまそうした「文化政策」の課題に取り組んでいます。いずれその成果を明らかにするつもりです。

「文化の多様性」の擁護が強く主張され、また「文化は誰のものなのか」という疑問がさまざまなレベルで発せられる「多文化・多民族」時代と、他方で画一的なグローバル文化の時代という、混在化する動きと画一化する価値観がともに存在する新世紀ではありますが、あくまでもまずは個人の目線のレベルから「異文化理解」と「他者」の認識を基礎にすえて、この時代を生きていくことが必要である、と私は思います。この小さな本がそのために少しでも役に立てば、著者としてこれほど嬉しいことはありません。私も、この新書の出版を機に、「文化」についての新たな取り組みをしたいと思います。また次なる展開を期したいと考えています。

本書は、一九九八年七月から九月にかけて三カ月間、週一回NHKテレビの「人間大学」で行なった一二回にわたる講義のテキストとして、『異文化理解への12章』という題名で日本放送出版協会（NHK出版）から出版されたものをもとに、大幅な加筆修正を施し、全体の構成も変え、岩波新書として出したものです。

ここで、本書で触れた主な参考文献について記します。

ヴァルター・ベンヤミン「翻訳者の使命」円子修平訳、『ベンヤミン著作集6巻』晶文社、一九七五年
ハンナ・アーレント「〈インタヴュー〉何が残ったか？ 母語が残った」矢野久美子訳、『思想』一九九五年八月号

マーガレット・ミード『サモアの思春期』畑中幸子・山本真鳥訳、蒼樹書房、一九七六年

オクタビオ・パス『孤独の迷路――素顔のメキシコ人』吉田秀太郎訳、新世界社、一九七六年

エドワード・サイード『オリエンタリズム』(上・下)、今沢紀子訳、平凡社ライブラリー、一九九三年

安川寿之輔『福沢諭吉のアジア認識――日本近代史像をとらえ返す』高文研、二〇〇〇年

サミュエル・ハンチントン「文明の衝突」『フォーリン・アフェアーズ傑作選 一九二二―一九九九 下』フォーリン・アフェアーズ・ジャパン編・監訳、朝日新聞社、二〇〇一年

――『文明の衝突』鈴木主税訳、集英社、一九九八年

エドマンド・リーチ『文化とコミュニケーション』青木保・宮坂敬造訳、紀伊國屋書店、一九八一年

マルセル・プルースト『失われた時を求めて』鈴木道彦訳、集英社、全一三巻、一九九六―二〇〇一年

池波正太郎『フランス映画旅行』新潮文庫、一九八八年

レイ・チョウ『ディアスポラの知識人』本橋哲也訳、青土社、一九九八年

ジェイムズ・クリフォード「ディアスポラ」有元健訳、『現代思想』一九九八年六月号

ジョセフ・S・ナイ、ロバート・O・コヘイン「情報化時代のソフトパワーを検証する」前掲『フォーリン・アフェアーズ傑作選 一九二二―一九九九 下』所収

また、本書に関連する拙著や拙論は次のようなものです。

『タイの僧院にて』(中央公論社、一九七六年、一九七九年に中公文庫)『文化の翻訳』(東京大学出版会、一九七八年)『儀礼の象徴性』(岩波書店、一九八四年)『境界の時間』(岩波書店、一九八五年)「四つの時間を考える」『異文化遊泳2』所収(新曜社、一九八五年)「アジアの変化──文化を制するものが世界を制する」『アジア学のみかた。』所収(アエラムック、朝日新聞社、一九九八年)『逆光のオリエンタリズム』(岩波書店、一九九八年)『アジア・ジレンマ』(中央公論新社、一九九九年)「近代日本のアジア認識──文化の不在」『近代日本文化論2』所収(岩波書店、一九九九年)

この「あとがき」で触れた新聞の記事はいずれも「朝日新聞」によっています。「「豚の戒律」広がる波紋」二〇〇一年一月九日朝刊、「富山コーラン廃棄事件の教訓」五月二八日朝刊、「法王、和解訴えウクライナでミサ」六月二五日朝刊。

岩波新書として出版するに際して快くご了解をいただき、また励ましても下さった、NHK出版編集局教育編集部編集長の泊祐二氏とNHK出版に対して感謝いたします。

岩波新書として出版することを勧められた岩波書店編集部部長の高村幸治氏、および実際に編集を担当された柿原寛氏に心から御礼を申し上げたいと思います。柿原氏には新書にするにあたって具体的なアドバイスもいただきました。重ねて感謝します。

二〇〇一年六月二五日

青木　保

青木 保

1938年 東京に生まれる
東京大学大学院(文化人類学専攻)修了.
大阪大学で博士号(人間科学)取得. 大阪大学教授, 東京大学教授, 文化庁長官, 国立新美術館館長などを歴任.
著書—『儀礼の象徴性』(サントリー学芸賞)『境界の時間』『逆光のオリエンタリズム』(以上, 岩波書店)
『多文化世界』(岩波新書)
『「日本文化論」の変容』(吉野作造賞)『カルチャー・マス・カルチャー』『アジア・ジレンマ』(以上, 中央公論新社)
『文化の翻訳』(東京大学出版会)
『憩いのロビーで』(日本経済新聞社) ほか多数

異文化理解　　岩波新書(新赤版)740

2001年7月19日　第1刷発行
2025年4月15日　第34刷発行

著者　青《あお》木《き》 保《たもつ》

発行者　坂本政謙

発行所　株式会社 岩波書店
〒101-8002 東京都千代田区一ツ橋2-5-5
案内 03-5210-4000　営業部 03-5210-4111
https://www.iwanami.co.jp/

新書編集部 03-5210-4054
https://www.iwanami.co.jp/sin/

印刷製本・法令印刷　カバー・半七印刷

ISBN 978-4-00-430740-2　　Printed in Japan

岩波新書新赤版一〇〇〇点に際して

ひとつの時代が終わったと言われて久しい。だが、その先にいかなる時代を展望するのか、私たちはその輪郭すら描きえていない。二〇世紀から持ち越した課題の多くは、未だ解決の緒を見つけることのできないままであり、二一世紀が新たに招きよせた問題も少なくない。グローバル資本主義の浸透、憎悪の連鎖、暴力の応酬――世界は混沌として深い不安の只中にある。

現代社会においては変化が常態となり、速さと新しさに絶対的な価値が与えられた。消費社会の深化と情報技術の革命は、種々の境界を無くし、人々の生活やコミュニケーションの様式を根底から変容させてきた。ライフスタイルは多様化し、一面では個人の生き方をそれぞれが選びとる時代が始まっている。同時に、新たな格差が生まれ、様々な次元での亀裂や分断が深まっている。社会や歴史に対する意識が揺らぎ、普遍的な理念に対する根本的な懐疑や、現実を変えることへの無力感がひそかに根を張りつつある。そして生きることに誰もが困難を覚える時代が到来している。

しかし、日常生活のそれぞれの場で、自由と民主主義を獲得し実践することを通じて、私たち自身がそうした閉塞を乗り超え、希望の時代の幕開けを告げてゆくことは不可能ではあるまい。そのために、いま求められていること――それは、個と個の間で開かれた対話を積み重ねながら、人間らしく生きることの条件について一人ひとりが粘り強く思考することではないか。その営みの糧となるものが、教養に外ならないと私たちは考える。歴史とは何か、よく生きるとはいかなることか、世界そして人間はどこへ向かうべきなのか――こうした根源的な問いとの格闘が、文化と知の厚みを作り出し、個人と社会を支える基盤としての教養となった。まさにそのような教養への道案内こそ、岩波新書が創刊以来、追求してきたことである。

岩波新書は、日中戦争下の一九三八年一一月に赤版として創刊された。創刊の辞は、道義の精神に則らない日本の行動を憂慮し、批判的精神と良心的行動の欠如を戒めつつ、現代人の現代的教養を刊行の目的とする、と謳っている。以後、青版、黄版、新赤版と装いを改めながら、合計二五〇〇点余りを世に問うてきた。そして、いままた新赤版が一〇〇〇点を迎えたのを機に、人間の理性と良心への信頼を再確認し、それに裏打ちされた文化を培っていく決意を込めて、新しい装丁のもとに再出発したいと思う。一冊一冊から吹き出す新風が一人でも多くの読者の許に届くこと、そして希望ある時代への想像力を豊かにかき立てることを切に願う。

（二〇〇六年四月）

主要参考文献

＊本文のなかで言及した文献をはじめ執筆にあたって主に参考にしたものを挙げた(和書・洋書，それぞれ刊行年順に配列).

厚生労働省「国民生活基礎調査」各年
厚生労働省「人口動態統計」各年

苅谷剛彦『大衆教育社会のゆくえ――学歴主義と平等神話の戦後史』中公新書，1995年
鎌田とし子編著『貧困と家族崩壊――「ひとり暮らし裁判」の原告たち』ミネルヴァ書房，1999年
竹内洋『学歴貴族の栄光と挫折』中央公論新社，1999年
阿部彩「社会保険料の逆進性が世代内所得不平等にもたらす影響」『季刊社会保障研究』Vol. 36, Summer 2000 No.1，東京大学出版会，2000年
佐藤俊樹『不平等社会日本――さよなら総中流』中公新書，2000年
苅谷剛彦『階層化日本と教育危機――不平等再生産から意欲格差社会』有信堂高文社，2001年
柴田謙治「低所得と生活不安定」平岡公一編『高齢期と社会的不平等』東京大学出版会，2001年
厚生労働省「母子家庭等自立支援対策大綱」厚生労働省HP，2002年3月7日
ハンド・イン・ハンドの会『ハンド・イン・ハンド』第202号，2002年
青木紀編著『現代日本の「見えない」貧困――生活保護受給母子世帯の現実』明石書店，2003年
国立教育政策研究所編『OECD生徒の学習到達度調査(PISA調査)　生きるための知識と技能――2003年調査国際結果報告書』ぎょうせい，2003年

主要参考文献

全国児童相談研究会「児童虐待対策の抜本的な充実を——児童虐待防止法見直しに関する私たちの見解」2003年11月22日
労働政策研究機構『母子世帯の母への就業支援に関する研究』調査研究報告書No.156，日本労働研究機構，2003年
阿部彩「補論「最低限の生活水準」に関する社会的評価」『季刊社会保障研究』第39巻第4号，日本学会事務センター，2004年
山田昌弘『希望格差社会——「負け組」の絶望感が日本を引き裂く』筑摩書房，2004年
阿部彩「第四章　子供の貧困——国際比較の視点から」国立社会保障・人口問題研究所編『子育て世帯の社会保障』東京大学出版会，2005年
阿部彩・大石亜希子「第五章　母子世帯の経済状況と社会保障」国立社会保障・人口問題研究所編『子育て世帯の社会保障』，東京大学出版会，2005年
大石亜希子「母子世帯の経済状況と2002年改革の評価」『生活経済政策』No.103, August 2005，生活経済政策研究所，2005年
——「第6章　保育サービスをめぐる動向と課題——保育サービスの再分配効果と母親の就労」国立社会保障・人口問題研究所編『子育て世帯の社会保障』東京大学出版会，2005年
島崎謙治「第3章　子育て世帯に対する所得保障——児童手当および児童扶養手当の理念・沿革・課題」国立社会保障・人口問題研究所編『子育て世帯の社会保障』東京大学出版会，2005年
阿部彩「相対的剥奪の実態と分析——日本のマイクロデータを用いた実証研究」社会政策学会編『社会政策における福祉と就労　社会政策学会誌　第16号』法律文化社，2006年
——「第5章　貧困の現状とその要因——1980～2000年代の貧困率上昇の要因分析」小塩隆士・田近栄治・府川哲夫編『日本の所得分配——格差拡大と政策の役割』東京大学出版会，2006年
阿部彩・藤原千沙・田宮遊子「母子世帯の生活変化調査(当事者

阿部 彩

マサチューセッツ工科大学卒業．タフツ大学フレッチャー法律外交大学院修士号・博士号取得．国際連合，海外経済協力基金，国立社会保障・人口問題研究所を経て，現在は首都大学東京人文社会学部人間社会学科教授．2015年11月，同大にて「子ども・若者貧困研究センター」を立ち上げセンター長となる．『生活保護の経済分析』(共著，東京大学出版会，2008年)にて第51回日経・経済図書文化賞を受賞．

専門―貧困，社会的排除，社会保障，公的扶助論，社会保障論．

著書―『子どもの貧困Ⅱ――解決策を考える』(岩波新書)

『弱者の居場所がない社会――貧困・格差と社会的包摂』(講談社現代新書)

『経済からみたリスク(リスク学入門2)』『ジェンダー社会科学の可能性 第2巻 承認と包摂へ――労働と生活の保障』(共著，岩波書店)

『社会的排除／包摂と社会政策』(共著，法律文化社)など．

子どもの貧困
――日本の不公平を考える　　岩波新書(新赤版)1157

2008年11月20日　第1刷発行
2025年10月6日　第28刷発行

著　者　阿《あ》部《べ》　彩《あや》

発行者　坂本政謙

発行所　株式会社 岩波書店
〒101-8002 東京都千代田区一ツ橋2-5-5
案内 03-5210-4000　営業部 03-5210-4111
https://www.iwanami.co.jp/

新書編集部 03-5210-4054
https://www.iwanami.co.jp/sin/

印刷・理想社　カバー・半七印刷　製本・中永製本

ISBN 978-4-00-431157-7　　Printed in Japan

岩波新書新赤版一〇〇〇点に際して

ひとつの時代が終わったと言われて久しい。だが、その先にいかなる時代を展望するのか、私たちはその輪郭すら描きえていない。二〇世紀から持ち越した課題の多くは、未だ解決の緒を見つけることのできないままであり、二一世紀が新たに招きよせた問題も少なくない。グローバル資本主義の浸透、憎悪の連鎖、暴力の応酬——世界は混沌として深い不安の只中にある。

現代社会においては変化が常態となり、速さと新しさに絶対的な価値が与えられた。消費社会の深化と情報技術の革命は、種々の境界を無くし、人々の生活やコミュニケーションの様式を根底から変容させてきた。ライフスタイルは多様化し、一面では個人の生き方をそれぞれが選びとる時代が始まっている。同時に、新たな格差が生まれ、様々な次元での亀裂や分断が深まっている。社会や歴史に対する意識が揺らぎ、普遍的な理念に対する根本的な懐疑や、現実を変えることへの無力感がひそかに根を張りつつある。そして生きることに誰もが困難を覚える時代が到来している。

しかし、日常生活のそれぞれの場で、自由と民主主義を獲得し実践することを通じて、私たち自身がそうした閉塞を乗り超え、希望の時代の幕開けを告げてゆくことは不可能ではあるまい。そのために、いま求められていること——それは、個と個の間で開かれた対話を積み重ねながら、人間らしく生きることの条件について一人ひとりが粘り強く思考することではないか。その営みの糧となるものが、教養に外ならないと私たちは考える。歴史とは何か、よく生きるとはいかなることか、世界そして人間はどこへ向かうべきなのか——こうした根源的な問いとの格闘が、文化と知の厚みを作り出し、個人と社会を支える基盤としての教養となった。まさにそのような教養への道案内こそ、岩波新書が創刊以来、追求してきたことである。

岩波新書は、日中戦争下の一九三八年一一月に赤版として創刊された。創刊の辞は、道義の精神に則らない日本の行動を憂慮し、批判的精神と良心的行動の欠如を戒めつつ、現代人の現代的教養を刊行の目的とする、と謳っている。以後、青版、黄版、新赤版と装いを改めながら、合計二五〇〇点余りを世に問うてきた。そして、いままた新赤版が一〇〇〇点を迎えたのを機に、人間の理性と良心への信頼を再確認し、それに裏打ちされた文化を培っていく決意を込めて、新しい装丁のもとに再出発したいと思う。一冊一冊から吹き出す新風が一人でも多くの読者の許に届くこと、そして希望ある時代への想像力を豊かにかき立てることを切に願う。

（二〇〇六年四月）

岩波新書/最新刊から

2068 セカンド・チャンス ―シェイクスピアとフロイトに学ぶ「やり直しの人生」― スティーブン・グリーンブラット アダム・フィリップス 著 河合祥一郎 訳

やり直すチャンスという、いつの時代も文学的想像力の核心にあった想念をめぐる、文学と精神分析の大家二人による珠玉の一冊。

2069 戦争と法 命と暮らしは守られるのか 永井幸寿 著

日本が武力攻撃を受けた場合、平穏な日常はどうなるのか。緊急事態に国は私たちを守ってくれるのか。現実認識を鋭く問い直す。

2070 グローバル格差を生きる人びと ―「国際協力」のディストピア― 友松夕香 著

国際詐欺、陰謀論、貧困化する農村と女性たち。アフリカの人びとの目線から「国際協力」の神話を解体し、新たな共存の道を探る。

2071 ケアの物語 フランケンシュタインからはじめる 小川公代 著

強者が押しつける「正義」の物語ではなく、尊厳を踏みにじられた人々が紡ぐ〈小さな物語〉を求めて――ケアの物語世界への誘い。

2072 日本軍慰安婦 吉見義明 著

前著『従軍慰安婦』刊行後に明らかになった多数の資料や証言も用い、「日本軍慰安婦制度」の全体像と実態をあらためて描き出す。

2073 南京事件 新版 笠原十九司 著

南京事件はいかに生じ、推移し、どんな結果を招いたのか。全面戦争への過程や推定死者数等をより精緻に明らかにした増補決定版。

2074 光の美術 モザイク 益田朋幸 著

ローマから、ラヴェンナ、そして聖像破壊運動の嵐が吹き抜けたイスタンブールまで、今に残るモザイクを概観し、美の宇宙に迫る。

2075 イノベーション 普及する条件 天野友道 著

イノベーションの普及を阻害する「摩擦」の存在と、消費者や企業の個々の選択から生まれる、普及と市場のメカニズムを描く。

(2025.8)